U0164602

獻給——

我摯愛的爸爸，和在天堂的媽媽

逆根經

黃思恩 ———— 著

逆 向 思 維

是 現 代 人 的 釋 懷

或 一 言 驚 醒 的 智 慧

思 想 顧 問

目錄

第一部分
何謂逆向思維

第二部分
實踐逆向思維

目錄

首序：
捌定義

　　「逆向思維」（Reverse Thinking），亦可名為「被動思維」（Passive Thinking），這種思維模式本身是沒有「母體」（Matrix）的，必須在「最初的想法」（Initial Thought），又或可稱它為「第一思維」（The First Thought）下才可孕育出來。將「最初的想法」的領域向外伸展，運用不同角度的思考空間，將想法定位於更合乎事情效益和受影響者之間的最佳位置，就能帶出不一樣的成效。

　　在「逆向思維」的原理下，往往有出人意表的奇蹟顯現。很多時候，問題的答案，都不是向問題以外的範圍去尋覓的，而是在問題裏面尋獲，因為答案本身已經存在於所謂的問題裏。稍為逆向想一想，不費周章，問題便能迎刃而解，又何需四出尋覓呢？當然，我們面前問題的「母體」，必須是要清晰見底的。否則，混亂的「母體」會令問題仍然逆向不出好的答案來。不過，我們可透過逆向思維的思維模式，令問題的漏洞顯露無遺。

　　而事實上，世界雖大，又何來有這麼多的問題呢？世上一切的問題，都是人類生活於群體，與別人

溝通時的掩眼法，將自己尚未學懂、未獲悉的，又或是遺忘已久的東西，視之為問題了。

世界再大，也大不過思維的領域；
問題再多，也多不過思維的出路。

「逆向思維」能通往思維的根源，和認知「母體」的發展動向。明白了為何，便不需費煞思量地尋根究柢，浪費精力。畢竟，人與人之間，都是一場思維上的角力，不求硬碰，在乎軟通。

在生活裏，多點運用逆向思維來生活，生命自然便是一個好課題。

現在，不知道你是否已經準備好？

若然你的思維已經準備就緒，那麼，現在就讓大家從我的另序〈要贏人〉開始，進入《逆根經》世界，一起探索思維的浩瀚，嘗試逆向去思考思維的穹蒼，看看能否逆向出一些與別不同的好東西來。

黃思恩

另序：
要贏人

「要贏人，先要欺騙自己。」

"Fake It, Until You Make It …"

一直以來，每當被人問到：「要贏人 …… 」，我們就會自然而然地回應一句：「先要贏自己！」回答得乾淨俐落，不留餘韻。其主要原因是受到「直向思維」（Vertical Thinking），又可稱之為「垂直思維」或「線性思維」（Linear Thinking）的影響。

「直向思維」的思維模式，是由法國心理學家愛德華‧德‧波諾（Dr. Edward de Bono）首先發現的。這種思維模式的重點是在單線上為問題取得定義，更必須依循既定流程，在問題處理時，並沒有其他更改的方式和途徑，完全與「水平思維」（Horizontal Thinking）互相對應。

「直向思維」，很多時候已經成為很多現代人生活上的慣性思維模式。當遇上各式各樣的問題時，答案就會自動從腦袋的框架裏（Frame of Reference）彈跳出來，好像是經典得不可更改，和預設了的既定答

案一樣，令問題得到解脫。但日子久了，這種由既定程式給出來的答案，已經失去了激發性效應了。

今天的體育教練，已經不會再用來自這種模式的答案，或激勵語言來輔助運動員發揮潛能。我曾聽過有一位教練，在田徑比賽開跑前向他輔助的運動員說：「你要贏在起跑線上，終點不是你的終極目標，因為爆炸力是在槍聲響的一剎間激發的⋯⋯」

當然，那位運動員跑出好成績來，奪魁了。

在競技場上、商業世界裏，要脫穎而出，就要有贏過別人的能耐，才能攀上頂峰，獨佔鰲頭。逆向思維在「要贏人」的觀念上，就是「先要欺騙自己」。在比賽前，當一個人欺騙了自己已經是冠軍的時候，他就會即時化身成一頭精神抖擻的雄獅，一輛一級方程式跑車，一匹萬夫莫敵的戰駒，一枚穿透鐵壁的子彈，無孔不入，無懼無畏，準備好奪魁的心理素質，去迎戰眼前的競賽，跑畢全程，取得勝利。

畢竟「要贏人」，不是要欺騙別人，而是需要欺騙自己。豁出去，只有這樣，才能超越自己的所有極限和束縛，展現前所未有的能耐，驚見奇蹟！

推薦序：
逆向思維無■不可能

　　我跟 Henry 於 80 年代認識，當時我還是一隊本土樂隊 LADY DIANA（皇妃樂隊）的低音結他手。Henry 替樂隊推出的唱片宣傳和籌備了兩場音樂會，宣傳過後，大家也沒再遇上過了。

　　遂至 1992 年頭，他遇上交通意外，在意外保險理賠個案中，再度遇上，而且於同年 8 月，他更加入我的保險行業團隊，一同並肩作戰，時至今日發展理想。

　　過去廿多年，他常常跟我分享他所說的逆向思維，甚至在 1995 年我的生日當天，送了一副對聯為我慶生，當中的內容今天我仍記憶猶新：「坦途無峰高，無處不飛花。」這兩句正正是所有奮鬥中的人必備的心態。

　　作為他的事業夥伴、上司、朋友、知己的我，誠然肯定他逆向思維的感染力和吸引力，尤其於近這數年間，他於多場大大小小的演說分享中，他的逆向思維大派用場，令很多人都獲益不少。在這本《逆根經》著作中，相信讀者必然能找到想要的東西，再將之發揮在職場和生活上，無事不可能。

最後，我衷心送贈兩句勵勉的說話給 Henry：
「水因恬靜而有完美倒影，人因平靜自有優雅反應。」
共勉！

林鉦瀚先生（Mr. Kanki Lam）

卓越資深區域總監
卓越人材發展導師
前皇妃樂隊成員
GAMA HK 2017/2018 MAA

推薦序：
掷・生活

　　黃思恩先生與我認識了廿多年時間，在保險行業成就很卓越。他一直對工作非常投入，對客戶服務也很用心，銷售方面也有很多不同的點子，能夠對客戶提出很多不同的建議，讓他們得到更全面的保障。同時因為他的熱誠，對推動業界發展不遺餘力，作出了很多貢獻。

　　另外，黃先生對逆向思維一直都有很深入的研究，對這另類思維模式有很多不同的見解，無論在生活或是工作中都能發揮很大作用，往往能打破一些固有的思維模式，尋找到更好的解決方法。

　　最近收到黃先生即將出版的《逆根經》稿件，發現當中有很多不同的例子，不期然在我腦中響起「叮！」一聲，並説出：「啊！原來也可以這樣的，為甚麼我之前會想不到！」帶領團隊的人應該要怎樣才能變得更卓越，而一直是 Nobody 的人該如何蛻變成為 Somebody，這本書都會一一談到，我相信也能給大眾開闢另一種思維模式。

朱憲華博士（Dr. Paulo Chu）
澳門豐盛家族始創人及卓越資深區域總監

推薦序：
逆向思維創炯無限可能

　　已經忘記認識 Henry 多少年，只知道很喜歡這位
「老」朋友。

　　他對生命的熱誠及對工作的幹勁，沒有因為年資
加深而減少，亦沒有因為見客無數，而使性格變得圓
滑世故，Henry 做人做事，總有他的一份堅持、一份
執着。

　　他寫作、填詞、文字了得，還開班教授逆向思
維的「近距離文字搏擊」課程，幫助學員成功利用文
字、短訊與客戶增強溝通，開創商機，創意無限！又
在網上平台搞「保險是但噏」資訊頻道，令坊間更多
朋友認識更多保險冷知識。

　　Henry 亦是「IDEO 逆向思維」課程創辦人，我亦
曾參與其課程，深受啟發！他令不少保險人，在感覺
前路難行，舉步維艱之時，能另覓方向，重新出發。

最後借用 Henry 的金句,「順逆全是意念,行動以勤扎根」,祝 Henry 新書熱賣,事業、創意更上一層!

莫麗蓉女士（Ms. Candy Mok）
至尊 CM 區域資深區域總監

推薦序：
逆向思維貫通神經樞紐

　　講起 Henry，跟他頗為有緣。我們是在 AIA MDRT 平台認識彼此，寫字樓也在同一幢大樓，只是不同樓層，上班時經常遇見。由相識，相知，到相熟，就更加佩服他多才多藝，對身邊人與事都充滿熱誠和大愛。跟他溝通交流時，我時常都會有很大的震撼，他的逆向思維溝通模式，效果真的不可思議！

　　每次當我知道他有課程開辦時，都會邀請他來我的區域，跟我的同事們分享如何以文字及語言等方式跟他人建立關係。當中涉獵的領域甚廣，由人生到哲思，從修養到愛情，還有事業與文化，社會跟保險……獲益匪淺，他的逆向思維課程很務實，而且也很靠譜。課程貫通人生每一寸神經，縱橫馳騁每一個樞紐，對應及調整思維的脈絡。

　　知道他今年 7 月會出版《逆根經》一書，並邀請我替他寫序，感到榮幸和興奮之餘，也非常期待可以快點看到製成品，進入他的逆向思維世界，遊歷一番。

黃亞紅女士（Ms. Carmen Wong）
資深區域總監

推薦序：
逆師逆友逆▓您

　　屈指一算，認識作者黃思恩先生已經超過四分一世紀，和他的相處，可以説是非比尋常！

　　當初大學畢業後，加入了鳳凰區域。第一個工作天早上，我參與人生中第一個職場會議，當天的主持人，正是他。

　　我老早忘記了他發表的內容，但至今仍然記得他發放的高能量。雖然他説不上俊俏，但很有魅力。

　　後來，發現他原來是公司受歡迎的培訓導師，他講的課，我都會出席，內容新鮮又奇特，密集地每幾分鐘就提出有用的點子，很難叫停，所以抄也抄不上。

　　有一些課程，我短期內上了三次，令我驚嘆的是，內容、方法、論點竟然完全不一樣，可順也可逆線行駛，好像三個不同的課，難以捉摸！

　　跟他學習，也實在不容易，因為他總愛互動，我要高度集中，才能勉強回應。還有海量思考課題，令腦部做了幾場高強度運動。可是學員都很喜歡上他的課，帶來另類享受，也是對自己思考力的挑戰！

　　日常相聚聊天，火花四濺，思潮激盪，點子橫飛。我總要帶備筆記本，盡快寫下。否則，另一個靈感已經衝過來，連環相撞！

　　某年中秋夜，和他即興駕車到石澳泳灘，在圓月之下，談情，談和客戶如何建立牢固的情。

　　在某個八號風球之日的黃昏，當所有人由工作間趕回家，我們卻在外逆向返回辦事處，切磋交流銷售話術，直至夜深再一起到戲院，隨意挑選一齣電影看，完場時再戲後檢討。

　　每當有工作、事業甚至人生疑問，我就會想起他，他成為我的「必需品」。他不取悅身邊任何人，與他相處表面上極不容易，但實際上暗裏蘊藏千噸親和力，最後總是能夠引導你化解一切疑問。

他總創造價值，令人提升，在問題沿途逆向，難題奇蹟般因思維模式不同而解鎖。

本人很榮幸，得此珍貴機會為黃先生的首部著作《逆根經》寫推薦序。我是其中一個最佳人選，因為我正是廿多年來從他身上獲益最多的學員、同事及摯友。

亦因提筆寫序的關係，我成為全宇宙首批拜讀此書的人，一邊看，一邊回味，有新內容，亦有以往所學過的。

這本經書逾六萬字，經過幾十年的淬練、沉澱、累積，字裏行間充滿情感和哲思。保證讓你閱讀時，作者好像神奇地坐在您的跟前，易地而處和您同步交流。您可以在任何時候和他交流互動，切磋砥礪。又可以隨時叫停他一會，去思考他提出的點子，令個人進度得以追上。這書亦為您提供完整筆記，精彩的點子不會被遺漏。

　　《逆根經》於我而言，是一部絕對值得珍藏的思維秘笈，把黃思恩先生帶到身邊，保證他必能成為你的逆師逆友，任何時間，任何地點，任何氛圍，任何情緒下，都可以請他來，逆襲您！

許宇漢先生（Mr. Bernard Hui）
資深區域總監

推薦序：
忠言「逆」耳

　　《逆根經》的書名取自《易筋經》的諧音，「逆」，乍聽之下，是負面詞，不過在博大精深的中華文化中，「逆」字引申的詞語實乃蘊含不少正面的意思。例如是忠言「逆」耳利於行、「逆」水行舟、莫「逆」之交等，而能夠用上「逆」字的，都絕對不會是泛泛之輩……

　　Henry 是我在保險業的師兄，大家識於微時，至今已然超過二十年了。作為一位專業理財顧問，他照顧客戶的魄力實在令人佩服，好像是每當客戶生病入院，他往往都能以迅雷不及掩耳之勢抵達醫院，不但比病人家屬更早抵達，有時候甚至還會比客戶自己更早抵步，可見他無論何時何地，都把客戶的安危放在第一位。

　　其中最令我印象深刻的，是 Henry 有一次出車禍，開車時不小心撞到一家國際連鎖珠寶品牌亞太區高層的座駕，誰知道這次飛來橫禍，他竟然還能扭轉乾坤，簽成對方公司的團體醫療保險計劃，以及對方

個人和身邊高層的壽險和醫療保單業務！這樣也能夠做成生意，Henry「無處不飛花」的功力可說是爐火純青，我自己亦深受啟發。

　　保險的事業以外，Henry 在音樂文化界亦是出類拔萃，其代表作就是替「樂壇校長」譚詠麟先生填詞的歌曲《趣味人生》。往日如果有同事結婚，Henry 都會義不容辭填詞、作曲，作為送給一對新人的祝福，心意彌足珍貴。Henry 一直是我心目中的「創作鬼才」，亦是同事眼中的「黃詩人」，今次可以為鬼才的首本新作寫序，實在是與有榮焉！

　　這本《逆根經》能帶領讀者擺脫社會上固有思維的束縛，是 Henry 的人生美學，亦是他的致勝之道。逆向思維，不但讓大家活得更瀟灑自在，更可以為成功搭橋鋪路，希望大家閱讀時，亦能好好享受思維的震蕩，替大腦注入源源不絕的靈感和活力！

周榮佳先生（Mr. Wave Chow）
資深區域總監
香港保險業聯會 2020 年度傑出保險代理冠軍
iMoney 香港保險風雲人物 2018-2019

推薦序：
逆思逆友

　　與黃思恩認識多年，能夠幫他寫推薦序是一件十分榮幸的事。

　　黃思恩投身保險行業已經很多年，我認識他的時候是透過亞太區壽險大會，當時與他合作時發覺他做事十分用心，而且十分有創意，他的思維與眾不同，名為逆思維，就是打破原有的思維慣性，從反向思維的角度去思考、去看問題，而我也十分欣賞這種思維模式。個人的逆向思維能力，對於全面人才的創造及解決問題能力具有非常重大的意義。

　　認識 Henry 多年，覺得他十分願意分享，另外他除了個人成績彪炳之外，在行業也貢獻良多。他自己本身是創作人，有不少的流行曲也是由他作詞、作曲的，是一個多才多藝的行業模範。所以這次他出版這本書是想將他的經驗分享給行業以及行業以外的人。我極力推薦大家看這本書，學習一下當中的思維模式及貢獻行業的心。

曾錦鴻先生（Mr. Henry Tsang）
卓譽家族 Founder
iMoney 香港保險風雲人物 2019
炫式 NLP 培訓導師
香港管理專業協會 2013 年度傑出銷售大獎得主

推薦序：
小思維，大道理。

　　我十分認同逆向思維若然能夠善用，不只是實踐於生活細節，而是如作者所説「產生興趣，滲進生活裏，川流不息，水銀瀉地，無孔不入」般樂此不疲地融入日常生活當中，必然裨益良多。

　　字裏行間看到作者在業界工作多年，經逆向思維下的人生哲理分享。

　　若是樂於聽別人的欣賞説話或自覺勝人一籌，總不如虛懷若谷如文中例子「握溝通之法，處世之道」，將自己成功的經驗、失敗的教訓，跟我們交往的人交流分享，使他們發揮專長，使他們做得更出眾。在現實生活中扶持下線，令他們成為卓越的領袖，我們的視野不止於自家成就，正是廣東人有所謂：分甘同味，獨食難肥。

　　逆思維下，面對讚揚或批判，在作者分享的例子中，為控制情緒助力，大大提升正能量，是成長過程中「升呢」必修之一環。

　　我特別喜歡作者引用受歡迎的歌手及「KOL」為

成功的例子，成功不是因為他認識人多，而是想勉勵一些努力向上的人，正如作者所説：「有一個客戶認知的身份，提供的服務要跟他人有差異化，令客戶產生共鳴，感覺更受用。與此同時，他也要懂得把握機會，打動客戶的心。客戶滿意是不夠的，要客戶忠誠於你。」

精英成就不可止於平步青雲，逆向思維能助你衝破眼前領域。

謹祝作者在此感動人心，讓逆向思維正能量的理念，融入每一細節去幫助其他人，也幫到自己，「無處不達，無遠弗屆」。

卓君風先生（Mr. Vernon Cheuk）

2019-2020 年香港人壽保險經理協會會長

V Family 創辦人

2021 年傑出人壽保險經理獎得主

iMoney 香港保險風雲人物 2020

推薦序：
一切■自「敢」想

Henry 把新著作送了過來，給我作一窺探，省覽幾遍後，文中措辭運句，我倒要花點時間，走轉在字裏行間，總算掌握了一點點哲理上的邏輯和理解思維的層次，這跟他早前跟我分享過的「逆向思維」有着異曲同工之妙，大歸同趣之義。

我認識黃思恩於微時，四十多年前我任教赤柱聖士提反書院體育科，由於校務安排錯綜複雜，人手調配出了困難，因緣際會下，校長任命我兼任中一班級的中文輔導班老師，為了安撫我對執教的信心，情商了嚴以誠老師作為我的備課老師。

中文科輔導班人數不多，祇有十二人，學生都是經過中文學能測驗，才獲「甄選」編到班上的。有一次，黃思恩在新詩創作的課堂上，很快便完成他的「作品」，題目是《在雨中》，內容大概是描寫下雨時的情境：

一滴，兩滴，三滴的雨點，慢慢地滴在地上……

篇章也頗長，看來像是借景喻物。需知所謂新

詩，就是擺脫了舊有傳統寫詩的制約，不限於平仄律韻、辭句對比、字數等。

多謝 Henry 給了我一個機會，提醒了我，鑽入時光隧道，斷斷續續將一些過往對他的印象，慢慢浮現，細寫出來。他畢業多年後，近年才再逢相認，他先跟我說，他自己覺得在中文書寫的能耐上，有一點成就，都是源於唸中一的時候我對他的啟蒙。其實當時全有賴我的同事嚴老師的指導，才能執教得力。當年他寫作的一首新詩，創意無限，文字能寫成一幅圖畫呈現出來，畫在你眼前，充感動感、聲音，確實不得了！後來這首新詩還在中文學會出版的校報刊登出來。

事隔四十多年，今天知道 Henry 出版《逆根經》，替他感到雀躍萬分之餘，也祝願讀者能從書中拾獲人生哲理，活出不一樣的人生，一切快樂與幸福，都是源自敢想。

余池光老師（Mr. David Yu）
1977 年赤柱聖士提反書院 Form 1 班主任暨
中文及體育科老師

推薦序：
逆向思維██你少走很多彎路

　　當聽到 Henry 說他的書要出版的消息，內心是充滿了無比驚訝的。作為一名保險經紀人，居然可以寫書並出版；但轉念想來，好像又是必然之事。一直以來，Henry 給我的印象是努力、勤奮、專業，有着自己的夢想，同時又是一個腳踏實地的人。

　　服務，無微不至：我每一次到香港，他會放下手頭上的工作，全天候陪着我跑前跑後；每一個節日的問候從未缺席，包括對我身邊的家人；每一次孩子急症進醫院，都是第一個打電話來詢問是否需要他的幫助，即使是凌晨兩三點鐘；每一次的諮詢都會給我無比中肯、專業的意見，並且都是在第一時間回覆。

　　專業，精益求精：「逆向思維」這個詞，其實已經聽到了很多次，也聽說過很多次他與同行分享的事件，包括在日常的交流當中也都聽到他的隻言片語。

　　今時今日，「逆商」的培養也已經被越來越多的企業家所關注：「想要幹大事，就必須懂得跟別人分享，而不是獨孤一味地往自己懷裏撈。」

這本《逆根經》的面世，承載了 Henry 二十多年以來從業經歷的思考、判斷、總結、沉澱，一定會在專業上給後輩很多的幫助與提升，讓後輩們少走很多彎路。

沈加麗女士（Ms. Cherry Shen）
珠海瑞晨教育發展有限公司總經理

推薦序：
終於出版了

認識思恩，是心靈勵志作家蔣慧瑜建議他找我的，因為他想將他的逆向思維結集成書出版。這份緣，起於十年前。

初認識，我已發現他滿腦子都是創意，很喜歡寫作，看過他的文字，思維確是與別不同，他的樂觀心態能給予我們正能量，很多時還會帶來新衝擊，讓人喜出望外。

他的《逆根經》沉澱了多年，今天終於出版，相信能給讀者一些新觀念，帶進生活裏，活出不一樣的思維角度。

陳月嫦女士（十姐）

前輩

推薦序：
思維與空間孕育出來的視覺

　　認識 Henry 已數十年，於 80 年代一起在寶麗金唱片（Polygram Records）共事過。得知他寫書，替他感到甚為喜悅。以前跟他做同事時，不知道他原來懂得寫歌詞。在 2013 年我找了他替譚詠麟的一首作品填詞，當時校長給了兩句要求，分別是「十年人事幾番新」和「不要說教」。於是我跟 Henry 說：「一個星期內交稿，盡你所能，不要勉強。」最後他在第五天，人在法國巴黎的酒店內將歌詞電郵給我，誰知校長試唱後即說滿意，後來這首作品成為了新專輯的第二首主打歌《趣味人生》。

　　現在 Henry 出書，還找我寫序，當我接到他來電邀請時甚為驚訝。Henry 在我眼中，是一個性格爽直和替他人設想的好朋友，永沒有推辭，沒有難題能難得到他，這些都是我很佩服的。尤其是他對音樂充滿熱情，他做音樂所投放的金錢和資源也非常豪爽，他

跟我說過：「一係唔做，一做就要認真咁做。」這樣
的心態，也是我甚為敬佩的。

　　《逆根經》除了可以令讀者了解到 Henry 的逆向
思維世界外，大家也可以掃瞄書內的二維碼，一邊細
閱每個章節，一邊享受我特別以思維與空間創作出來
的十二首視覺音樂，暫時擺脫煩囂的周遭時空，進入
逆向思維的每個角落，遊樂一番。

葉廣權先生（Mr. Joseph Ip）

資深唱片監製

推薦序：
緣起不滅的逆向思維

如果人生真有緣分的話，Henry 應該是梁安琪音樂生命中最有緣分的朋友。因為連遠在美國芝加哥的街頭也可以遇上，這確是相當不可思議的事。

安琪在商業 2 台任 DJ 時已認識 Henry，多年來失散後又重逢，開始了我們的夢幻合作，我首張個人 EP 專輯在他的 Ideology Record Label 出版，他更替我寫了一首環保單曲《地球樂與怒》的歌詞。昔日的唱片宣傳少年 Henry 仔今天已成為一位全面的專業財策師、音樂工作者，集文化及娛樂公司創辦人、經理人、填詞人、作曲家等等於一身。

他的毅力、魄力無容置疑。原來他文學根底也很深厚，透過他的「逆向思維」點子，分享逆向看世界的心得，有創意、有啟發、有深度，梁安琪很是推薦。誠然，有時從相反方向看事情，可能會有更意想不到的收穫！

梁安琪小姐（Rock Angel）

Rock Angel Band House 館主
唱作歌手
搖擺天使

推薦序：
不能逆██的得着

　　我認識的黃思恩，絕對是一個多才之人。音樂、歌詞、寫作、哲學、教學、生意樣樣皆精。他在保險界的成就，工作的魄力，人生的經驗，就已經有很多東西能向他學習。但每當想起 Henry，我亦不其然想起他經常公開發表的逆向思維。

　　他的逆向思維絕對是我非常喜歡和認同的，因為我的世界觀也跟逆向思維有些相似，但 Henry 能夠清楚指出逆向思考的方法、好處和應用。而他的文字和內容也絕對「接地氣」，而不是流於天馬行空、不切實際的理論和哲學。

　　其實凡事都有兩面，甚至多面。人生就是由無數的正與反構成，更沒有絕對的正和絕對的反，因為正反相依，既有正向思維，逆向自然同樣重要，甚至更重要，因為大多數人忽略了另一方面的角度。但是正所謂要贏人先贏自己，一個人能夠掌握雙向的思維，才能看到真正的大畫面，從而分辨出甚麼是現實，甚麼是假象。而這本書可以替大家打通這一方面的思考空間，所以能夠以逆向思考，絕對能使你的人生、關係、工作和個人成長都更加無往而不利，提升個人情商。

黃思恩的《逆根經》，是一本非常有系統地作出解說，加上一點心理學和他個人豐富經驗累積出來的一本能夠提升每個讀者個人成長的著作。在這裏除了要恭喜 Henry 之外，更加要恭喜每一位看完這本書的讀者，因為昨天的你透過閱讀這本書成就了今天更佳的你！再逆向地想一想，到底是你付錢買了這本書，還是黃思恩袋了錢進你袋？

張佳添先生（Mr. Clayton Cheung）

著名唱片監製
資深音樂唱作人
歌唱老師

推薦序：
弦外之音，樂來有你

　　一個好消息的到來，黃思恩先生出書了！榮幸受邀為《逆根經》寫序，喜上眉梢。在此恭喜，恭喜！

　　相識十載，黃思恩先生一向給予我的印象，是有着與眾不同的思維模式，以高階的情緒管理系統，親和的處事手法，有着低調做人、高調做事的處世之道。他務實地運用自己所創立的「IDEO 逆向思維」，環環緊扣着人類在生活點子上每一「化學鍵」，佈下天羅地網，展開全方位、多元化之「滲透作用」，從而產生對的「化學作用」，以不變應萬變，所向披靡！這正正與全球人類在世上如何生存息息相關。

　　相信此時此刻的您在閱讀此序時，已經不知不覺地參與其中了⋯⋯確實這也是您、我、他之間的一種緣份。

　　正所謂歌都有得唱：「問題天天都多⋯⋯」我們天天在思考，希望可以天天向上，不斷學習，不斷成長。但一切的爆發點，都離不開一個契機。所以我鄭重推薦本書，《逆根經》能打通您的任督二脈，練出

「一生」好武功。將「IDEO 逆向思維」運用自如，成為受歡迎且被需要的人，由內到外，從外到內散發魅力，大放異彩！此書一定會成為您的最佳拍檔，就讓我們一起努力，共勉之！

麥皓兒小姐（Miss Cayley Mak）
歌影視三棲全能藝人

推薦序：
茅塞顿開

　　我從小已認識 Henry，至今已經有接近三十年的時間，我對他的印象原本只是一個大忙人，長大後業餘跟他玩玩音樂，找他替我的作品寫寫歌詞。我是一個不太懂得表達的人，所以一直也欣賞填詞人能夠用文字配上旋律來表達細膩的感情，而對於 Henry 的語言文學造詣更加不曾質疑。

　　近年來，在社交媒體看見 Henry 不斷發佈名為《逆向思維點子》的短篇文章，慢慢發現原來 Henry 有自己一套獨有的思維，對世界、對社會、對人際關係有着一番深入的見解和領悟，閱讀一遍，對我大腦瞬間造成衝擊，像觸電一般茅塞頓開，進一步開拓了我對事物的思考層面。也許一開始您會覺得這些所謂「逆向思維」只是「亂噏」，或者坊間所謂的「阿 Q 精神」，可是細嚼箇中的精髓，您會發現這些文字蘊藏的哲學、心理學和道理，一點也不簡單。誠意推薦這本《逆根經》。

曹朗（Mr. Ron Tso）
全能音樂唱作人

編輯的話：
思考與溝通，
是我們的畢生課題。

　　除非你終生孤身生活於荒島，否則你遲早必須與你喜歡或不喜歡的人交流。與喜歡的人交往，你當然會想自己能在對方面前留下好印象；與不喜歡的人交手，你也會想能圓滑地縮短難熬的尷尬時刻而又不開罪別人。

　　先不要那麼過於有機心地說要在溝通中從對方身上獲得甚麼利益才算是成功，畢竟單純地與別人愉快地交往，本身就是一件賞心樂事。

　　正向和逆向思維，大家都耳熟能詳。不過，這次作者黃思恩在逆向思維的基礎上另闢蹊徑，建立出自己的一套 IDEO 逆向思維系統。我在編輯這本書的時候，也深深地陷進了這一套有趣而實用的思維模式而不能自拔。

　　對於從事推銷、服務行業的人來說，閱讀並學習
IDEO 逆向思維固然能讓你在營銷手法上迸發新的意
念；對於普通人如我，也能藉着這套思維模式，為存
在於我生命中的舊有事物披上新衣，讓生活變得更加
繽紛。

　　誠意邀請你打開本書，沉浸於 IDEO 逆向思維的
汪洋，相信你也會有自己的一番體會。

婷 @Sands Design Workshop

責任編輯

讓靈魂飛

音樂，
是一道風景。

一道思想與空間的風景，
也是一種病。
離地九萬丈的病毒，
時冷時熱、
驟晴驟雨、
虛實之間、
是一首潛神入緒的温淋。

感激葉廣權先生的靈感，
特地為《逆根經》的閱讀氛圍
製作了 12 首純視覺音樂作為閱讀伴侶，
一邊細嚼書中每一個章節時，
一邊可以透過每一首樂章，
由視覺到聽覺再到神經細胞，
全都進入逆向思維的國度。
一同沉澱，
一同尋覓思維血液的根源，

讓靈魂飛……

請掃描下方二維碼 (QR Code)，
進入讓靈魂飛的思維與
空間孕育出來的視覺音樂，
陪伴你一起進入《逆根經》的世界。

YouTube

Apple Music

KKBOX

Spotify

第一部分

何謂

摯回迴維

思索

世界再大，也大不過智慧。

由來

　　我創立的 IDEO 逆向思維，必須要務實，而且也要可靠，它就是《逆根經》的脈絡，貫通人生每一寸神經，縱橫馳騁每一個樞紐，在思想的不同維度無處不達，無遠弗屆。

　　IDEO 逆向思維，不只是坊間大部分人常常說的對調思維、翻轉思考、調轉來想的思想之類的東西。IDEO 逆向思維，將會贏得這些人的青睞與好奇，而且更令其他人也對那些看似不可思議的思維模式產生興趣，繼而將之滲進生活裏，川流不息，水銀瀉地，無孔不入。

　　IDEO 逆向思維的精髓，盡在《逆根經》中，它的洋名叫《NI GEN JING》。

　　《逆根經》，是以 IDEO 逆向思維邏輯作為根本，以文字及語言方式表達於人前，當中涉獵的領域甚廣，由人生到哲思，從修養到愛情，還有事業與文化，社會跟保險……可能你會問，IDEO 逆向思維在

一個人的生活裏，可以有何作為？以下將為你作出解答。

1. 你很卓越，你周遭的人可以很不濟

　　或許在成長過程中，有高人或老師曾經教導過，「你的人生是屬於自己的」，「人生如何過全由自己決定」。這一種人生觀念，孕育了不少抱着這種想法去活着和成長的人，因此出現了很多鬥爭和磨擦的局面。但有一少撮人，在成長中懂得逆思索，明白了世界並不是自己一個人專美，在生命裏享有特權，而且比他人優勝。反而逆向回來，知道了若要勝人一籌，就得要掌握溝通之法、處世之道。人生哲學，莫過於此。因為你一個人很卓越，你周遭的人可以活得很不濟，相反你若能夠令到周遭的人很卓越，那你的狀況就必然差不到那裏去了。所以一位卓越領袖的首要任務，就是要令跟隨他的下線成為卓越的中堅分子。因此，我們活着不是要令自己出眾，而是要令跟我們交往的人比我們更出眾，令自己活在比自己更出眾的氛圍裏，共存共榮。

待人祝其所適，助人盡其所才，接物無枉而過，送物無挾而終。

批評如中藥，進口苦澀難耐，到腹時暖烘烘，最重要夠熱夠燙，才能發揮藥性。

2. Somebody V.S. Nobody

又或許在成長過程中，很多時候都會不自覺地跌入與他人比較的氛圍，又或被人家評頭品足的遊戲。當中有正面的稱許，也有負面的批評。獲得讚賞時，當然興奮莫名；面對狠辣的評價時，少不免心情會受到影響。這些人生經驗，若能逆思索一下，相信會帶來不少裨益和機遇。

在 IDEO 逆向思維課程裏，我曾給學員一些概念。當全世界都稱讚你、抬舉你或表揚你的時候，不妨嘗試按捺住興奮的心情，然後誠心謙虛地表達自己只不過是一個幸運的 Nobody，在得能莫忘的知遇之恩下，向曾經給過力和扶過你一把的人，一一道謝，將殊榮送給每一位伯樂，不自滿。畢竟人生還需要更多的機遇，和更多的歷練，才稱得上是雋永。

反過來看，當全世界都踐踏你、看輕你或忽視你的時候，不妨又可以嘗試逆思索，收斂一下心中的不忿和怨氣，然後鼓起勇氣和鬥志向全世界説 "I am somebody！"俗語有云「輸人不輸陣」，給自己

一個有能量的氣場，去迎接即將來臨的機遇。可能你會視眼前的困難為挑戰、不容易完成的任務，但 IDEO 逆向思維可以告訴你，這可能是讓你成為真正 Somebody 的踏腳石，一洗頹態的甘露。

不落於人後，也不在人前，與他人共同進退，共享成果，那還需要擔心機遇會少嗎？

3. 你認識人多 V.S. 多人認識你

打算加入營銷類型行業的朋友，可能你們在考慮加入前，都曾會有一個想法：要認識多些人才「有得做」，否則都是徒勞無功。但 IDEO 逆向思維可以告訴你們，這想法也不是必然的絕對。

相信大家都知道，一位受歡迎的歌手，需依靠萬千歌迷的擁戴，方可成為巨星。但試問又有多少巨星可以完全認識他所有的歌迷呢？相反，他的歌迷卻不會不認識他的名字。以此類推，從事營銷工作的朋友（從事專業行業的人更甚），需要更多人認識他們是誰。因此今天的社會，出現了一種新職業叫 "KOL"

（Key Opinion Leader）。這種以品牌形象（Branding Image）招攬生意的職業，最重要的是有一個客戶認知的身份，提供的服務要跟他人有分別，令客戶產生共鳴，感覺更受用。與此同時，他也要懂得把握機會，打動客戶的心。客戶滿意是不夠的，要客戶忠誠於你，才會願意成為你的代言人，替你宣傳。

最後還有一點提提從事營銷的朋友，就是每次提供服務時，記得要做足準備去協助客戶完成對方的想法和要求，而並非提供服務者的期望和目標。

逆 思 索 金 句

後悔跟遺憾的差別，

一個是有做，一個是沒做。

後悔，往往源於沒有行動的當初，與人無尤。

授可邏輯

逆向邏輯── 觸類旁通

「觸類旁通」這成語的由來，是出自《周易‧繫辭上》的「引而伸之，觸類而長之，天下之能事畢矣」，意思可以解作是透過接觸另外一方的事物，與之相互貫通，便能掌握這事物的知識和存在定律，進而推知同類事物的知識和存在定律。

在我的「IDEO 逆向思維」研究裏，我嘗試將這層面「觸類旁通」到非同類的知識和存在定律上。透過一件事物或事情的知識和存在定律、特徵和效能，與非同類的事物或事情相互貫通，激發出一種嶄新的關係和創新觀念，再而帶來新銳的衝擊，創造新機遇。

「『觸類旁通』（The Comprehension by Analogy）之『萬物皆融』（Everything is Connected as One）」，是我在 2011 年開辦的首個逆向思維課程，當時課程內的講義和教材，現在都成為《逆根經》的骨幹和血液。其概念是以文字與思維的結合，以不同

角度的思維空間，令別人的想像力能去得更深、更遠。不但環繞在了解人與人溝通的思維表象，而且更可以領悟出氛圍與內心感應的交叉路線撞擊出來的深層意識。

在「逆向思維」裏回答問題，不需要直接回答對方渴望你回答他期待的答案，而答案卻最終都會透過對方的口中，自己說出來。

例子一：

現在已經日上三竿了。

A問：「你吃過早餐了嗎？」
B答：「我就是在等你嘛！」

B運用了逆向思維模式，回答了一個並非A預期想要聽到的答案，而且這個答案還會令A產生一種愕然和抱歉的感覺，說不定A因而會考慮請B吃一頓日上三竿的早餐呢！

世上沒有敵對，只有不謀而合。

例子二：

準客戶問：「保險是騙人的。」

從業員回答：「準客戶先生，想騙保險的人也不少呢！」

對於很多保險從業員來說，最難處理的異議（Objection，反對意見），莫過於是說：「保險是騙人的。」很多時候，經驗尚淺的從業員會因這個 Objection 而不知所措，一時之間無從招架。

但在逆向思維的思維結構下，回答答案無需向外尋求，其實在問題的核心就可以找到了如何回應的良方。

準客戶說保險是騙人的，相信他指受騙的人必定是投保人吧！因此在逆向思維下的「來說甚麼者便是甚麼人」的概念，便能自然地找出回應的語句：其實想騙保險的人也確實不少呢！面對不一定是事實的試探，最佳的回應就是作出似是而非的反試探，又可稱之為「被試探」。

透過上述兩個逆向思維回答問題的例子，能否讓你初步領略到逆向思維的思維結構呢？若然感興趣的話，不妨一起深入了解一下 IDEO 逆向思維的結構和規律，現在就由「逆向思維──三層基礎」開始吧！

世界無處不學，朋友無處不識，機會無處不在。

逆向邏輯—— 三層基礎

「逆向思維」的思維基礎（Foundation of Reverse Thinking），可分為三個層面，以次元角度值來分辨，我稱它們為 3M：

1. 鏡像基礎（Mirroring）
2. 始母基礎（Mothering）
3. 多維基礎（Multidimensional）

「鏡像基礎」（Mirroring）

第一層面「鏡像基礎」，是鏡子裏反映出來的景象，用來比喻「將事情反轉過來思考」的意思。人面對自己和所有事情都一樣，單靠自己是看不到自身的全像的，一定要借助鏡子的反射功能，才能清楚看到。人和所有事情都在鏡子面前毫無保留，實相百分百倒影在鏡子裏，好的壞的，無所遁形。

「鏡像基礎」最大的特質，就是可以從鏡子倒影裏，看清楚「母體」自身的優劣之處，直接指出「母體」問題徵結所在，用最快速的時間修復，將「母體」的漏洞填平、疑點擦掉。

舉例來說，很多人都知道從事營銷業務的人常常糾結在尋覓準客戶和跑業績的事情之間，為此東奔西走。一般人會認為要先有業務，才會有客戶的存在，然後方有提供服務的機會。但在「鏡像基礎」的基礎概念下，面對這「母體」出來的想法，就不再是「有了業務，才有服務」，而是「先有服務，後有業務」了。因為在從事營銷工作崗位之前，已經有了「客戶群」這群組存在，服務上的需求也是有的，這便是「市場」。

所以，何不在這個已經存在的「客戶群」裏，穿梭在服務需求的事情上，先來提供一個貼心的跟進？如果能令現有「客戶群」的用家有所感動，和窩心的迴響，之後接踵而來的業務機遇，就很快便會蜂擁登場了。

一分錢一分貨，利潤非靠本錢，而是服務累積。

又有一些業績不理想的營銷職員，向其老闆說：「老闆，我沒有客可以見⋯⋯」在這情況下，老闆一般來說，都會以提問的方式來回答：「為甚麼會沒有客見？你說來聽聽⋯⋯」隨後三小時的長篇故事便展開了，說的人越說越興高采烈的負面，聽的人越聽越無可奈何的氣憤。

在「鏡像基礎」的基礎概念下，答案都是以「提問方式」（Just Ask, Not Tell）的技巧來回應，採用反思式提問問題，回應不會運用「搞清楚」（Clarify）技巧的開放式問題。「逆向思維」式的回應是「你是沒有客見，還是有客沒有去見呢？」這反思式的回問模式，是要令那位營銷職員能反思自己的工作習慣，是否該是時候作出改變了。

還有一些例子，是在「鏡像基礎」的基礎概念下孕育出來的：

1. 購買保險，並非是有人要離開，而是因為有人還要繼續生活（這點子是我於 1997 年出席美國阿達蘭大 MDRT 年會「First Time

「當一切已成習慣」，是習慣時，最大的對手就是「為何不來一個新嘗試」。

Orientation」時遞交的「逆向思維——三句
釘」保險銷售概念點子）。

2. 其實你談不成業務，並不代表沒有人想購買
   你所推介的東西，只是沒有人透過你來購買
   而已（帶出業務員需要檢討銷售策略的溫馨
   提示）。

3. 為何你會沒有客戶約見，是因為你常常忽略
   他們吧，與客無尤（指出業務員工作方向的
   問題）！

逆 思 索 金 句

「鏡像基礎」（Mirroring）
的思維角度是 180 度次元值。

始母基礎（Mothering）

Mothering 在英文字典裏，一般是解作 "Care for someone like a mother"，"Look after someone kindly and protectively, sometimes excessively so"，又或是 "Give birth of children" 的意思。但這意思並非是在 IDEO 逆向思維的解釋。在《逆根經》裏，Mothering 解作「始母基礎」，是「母體」（Matrix）問題的源頭的意思。

「始母基礎」的重點跟「鏡像基礎」（Mirroring）很不同，關鍵是源頭，強調需要「行前一步去思考」，「母體」在這基礎上的角色是一把相反的聲音，對立着逆向出來的回應，這也是問題的根源。用這基礎來處理事情，可以將之連根拔起，杜絕後患。

舉個例子，「母體」問題是「很多家長都責怪自己的子女長大後沒有能力好好照顧他們」。在「始母基礎」的基礎概念下，答案會是：「但其實這些家長忘記了一件事情，就是在要求子女有能力照顧好他們

之前，家長需要為子女做好一些準備功夫，例如投保一份儲蓄保險單給子女，就是最有效的方法了。」這例子就應驗了中國人一句很老套而獨到的說話：「解鈴還需繫鈴人」，若負面一點來說就是：「可憐人自有可恨處」了。

又有一些「冥頑不靈」的準客戶，他們的「母體」問題是：「為何聽了保險從業員多次向自己推介保險計劃，都不能／不願意成功投保呢？」

在「始母基礎」的基礎概念下，是因為「他們投保前都忘記了一件事，就是先上一個『如何購買保險』的課程，又或是上一個『如何面對和挑選保險從業員』的課程，不然就……的了。」

若然這類課程成功開班的話，相信投保的模式和文化也會來一場革命性的轉變，但這並不會改變保險的核心價值，就是積福蔭，防患未然了。

心境與思維，是行為的根本，怎樣看事情，重要過怎樣做事情。

保險是生活的抗生素，不單可以醫病，還可以保存性命。

"

還有一些例子，是在「始母基礎」的基礎概念下，孕育出來的：

1. 你說自己沒錢，這是理所當然的，因為你還未開始實踐有效的儲蓄計劃。

2. 你的計劃都尚未開始，當然是沒有積蓄的。你想不久的將來會有錢，就得先參加一個有效增值財富的儲蓄計劃，才見效用。

3. 很多人透過保險計劃來處理退休後生活的安排，難道退休前的生活不用安排嗎？先保障退休前的生活質素，退休後的生活才得以安穩。

4. 現在社會中有很多「打工仔」都是「月光族」，大多數原因是因為他們有很多慾望。請問在慾望中加入保險這物質，可以嗎？

5. 你說你想晚一點才買保險，不要緊，但我擔心的是，到你說要買的時候，我不能將我現在介紹的保險賣給你了。因為保險只有三個時候是可以買的：第一，有健康的時候；第二，有錢的時候；第三，就是現在。至於將來，不是靠保險來維繫，而是先需要有保障。

6. 法國哲學家笛卡兒（Rene Descartes）有這樣一句名言：「我思故我在」，提出「懷疑是智慧的源頭」。你對保險抱有懷疑的態度是有智慧的，何不靠你的保險從業員為你解惑？

「始母基礎」（Mothering）的思維角度是 0 度次元值，又同樣是 360 度次元值。

「不同」不在於訊息本身，而在於接收一方的智慧。

多維基礎

「多維基礎」着重於思維的角度（Thinking Angles），徵結就是將母體的問題「反轉再反轉，然後找一個獨特的角度去思考」，要了解「多維」，就得由認識何謂「維」（Definition of Dimension）開始吧！

根據物理學及科學的理解，「維」是一種度量單元，「零維」是點，沒有長、闊、高存在；「一維」是長度，由點與點組成；「二維」是平面，由長度與闊度組成。而人類的生存空間，則是擁有由長闊高組成的立體空間，這空間可稱為「三維空間」，若然在這空間上加入「時間」單元互相聯繫，就構成「四維時空」了。根據科學家的研究理論所知，人類所認知的整個宇宙，應該有「十一維」，但人類的認知程度只限於理解「三維」的物質。

至於「四維時空」，我再詳細說明多點。在日常的認知中，大多數人對「四維時空」概念的了解，都離不開愛因斯坦的「相對論」中所提及的理論。宇宙

是由「時間」和「空間」構建而成，時與空的關係，是在擁有長、闊、高這三條軸組成的「三維空間」上多加一條「時間軸」，而這條「時間軸」是一條肉眼看不見的、虛數值的維，因而形成了「四維時空」。

其次，我再談談「五維」以上（Above the Fifth Dimensions）。

在「四維時空」的時間軸上任何一點再分支出來的無限多時間軸，這發展出來的重疊式時間軸，就構成了「五維空間」了。簡單來說是由無數個「四維空間」依循某一時間軸聚集構成。

在「五維空間」時間軸上的點互相是接合不到的，但若將「五維空間」來一次摺曲，那麼不同時間軸上的任何一點與另一條時間軸上任意一點便能接合，這就是「六維空間」的特性，也就是可以直接連繫到「五維空間」時間軸上任意一點。簡單來說，這空間會接納任何可能的形狀，同時亦會與其原來的世界互相連繫一致。

慧根跟幻想是兩種不同酵素，有慧根的人可借助幻想到達另一層頓悟境界。

在「六維空間」產生出來的時間軸上任意兩點直接連繫的所有可能性，衍生出來的七維是所有時間軸上的點，即在無限點上產生無限條時間軸。

在「七維空間」的無限條時間軸進行摺曲下，八維是由長、闊、高、時間、墜重力、磁場力、萬有引力和萬有分解力組合構成的。

「九維空間」是將「八維空間」摺曲的具體化空間。

根據超弦理論的說明，最小的粒子並非有實體的物質，而是由不同震動頻率的「超弦」形成出來的物質，不同的頻率會產生出不同的表現。在這空間中，物質已經不存在了，只有不同震動頻率的「弦」存在。所以在「十維空間」中，一切可能性都存在，若要形容這維度，逆向看來，可以說是「幻想」的時空。

「十一維空間」是一個混合體空間，由「十維空間」加入「記憶」單元和「感知」單元集結構成。愛因斯坦認為，「記憶」是一種可延伸及具有靈活性的

物質，而「感知」是一種存在於空間、時間與記憶以外的物質。在這空間裏，存在的物質叫「膜」，是由空間、時間、感知與記憶結合形成，成立了超膜理論，當中包含了「十維空間」的超弦理論。

上述的解説，都是人類從物理學及科學，就着宇宙大爆炸的學説，並以「三維空間」的認知來作定義的。不知道在不久的將來，會否有更高「維」次元值的推衍，這還要看人類的進化和對宇宙的更多認知吧。

認識了「維」的存在和意思後，就可以説回「IDEO 逆向思維」層面，我的「維」，就是思想的空間，又或者解作角度與次元的思考維度。

到底何謂「多維」（Definition of Multi-dimensional）呢？

「多維」在「逆向思維」上的重要性，就是在於「無限多角度與空間」。前文已敘述了「鏡像基礎」的 180 度思維角度，和「始母基礎」的 0 度與 360 度思

第一部分
何謂逆向思維
074

維角度的兩種基礎，所以只要不是歸納於這兩種基礎的思維角度，都會被納入「多維基礎」的介定。

人類思維的領域，是可以有無限維性（N-Dimensional）的。因為思維的參考次元值，是記憶在當下母體事物的舊形態上。在面對它時，我們可以透過無限量的多角度去思考，藉由各種天馬行空，甚至匪夷所思的念頭，得出一些精闢獨到的意念來，從而取悅人心，增強記憶存活的能耐。

舉個例子，有一天，有一位大學生走來問我：「請問你可否就『逆向思維』來說明『真理』與『公義』的分別呢？這兩樣物質是否可以共存呢？」

聽後，我的回應是：「你想處於哪一個角度來看呢？在它們的本位看對方？還是從它們以外的範疇看回來？抑或是在它們兩者之間看彼此？最後當然還有以人的稜角來看吧！」

他聽了我的回應後，感到很詫異。原來透過逆向思維可以帶出這麼多角度的反思和理解，這就是「多

維基礎」的特性了。

　　一般來説，在「多維基礎」下思考，往往會有較多反思據點顯露出來，這也正好反映了不同角度思考的優勢。因為等待答案的人未必在發問時，便已經可以清楚自己在該問題上的定位。既然是在定位未弄清楚的情況下，又如何能獲得精準的答案呢？當然，最後我也有嘗試運用逆向思維方式，解説了「真理」與「公義」的關係和非常關係，這留待以後再跟大家分享我的見解。

　　還有一些關於保險的例子，是在「多維基礎」的基礎概念下孕育出來的：

1. 減少痛楚或悲傷，並非保險計劃的賣點，但它卻可以令我們承受這些境況的時間縮短。
2. 投保並非是因為有人要離開，而是因為有人，仍需要繼續生活下去。

逆 思 索 金 句

「多維基礎」（Multidimensional）

的思維角度是 0 度、

180 度及 360 度以外的角度次元值。

公義下，必然有一些烈士，為造就他人的幸福，而犧牲小我，成全大我。

逆向邏輯——五類元素

　　有了思維角度的基礎，還得配搭不同的元素，才可塑造出令人意想不到的語言效果，和出人意表的想法。在《逆根經》的〈觸類旁通〉逆向思維邏輯中，包含了五類元素（Five Elements），分別是：

1. 否定（Negation）
2. 順勢（Homeopathic）
3. 創造（Framing）
4. 沉澱（Precipitation）
5. 擴散（Spread）

　　這五類元素，就如烹調時用的醬料一樣，可以使烹煮出來的食物令人回味無窮，一口難忘。若然在運用逆向思維時，能將五類元素的特質交替或穿梭應用，那得出來的想法和回應效果，都會使母體的問題得到更有趣和令人神馳的應對，和神奇的答案。到時候，美滿的結局和更高的成效，都不遠矣。

「否定」（Negation）

　　第一思維（The First Thought）的產生，往往來自我們的人生經歷。我們都從學習中獲得知識，從經驗中得着智慧，再加上自身性格和當下擁有的條件，都會對第一思維有所影響。很多時候，它會跟我們玩遊戲，猜對就有獎，猜錯了就要償付代價，甚至乎有可能翻不了身，回不了頭，直達永遠。代價之大，就是會令一個人的固執如老樹盤根，難以撼動。

　　也有很多時候，我們會説出一些口不對心的説話，主要是基於第一思維產生的言辭，這樣的話大多相對安全和穩當。但其實我們真正的心思和意念，都一直存放在尚未經引證的「深層思維」區域裏，等候共鳴的來臨。

　　所以「否定」這元素，重點是要自我否定第一思維產生出來的印象，將這印象帶出來的想法和言詞，都擱置一旁，而運用深層思維的層面，去作出和鳴的回應，捕捉對方的心意，這樣就能討好而窩心。

真是萬有的資產，誰也不能改變它，但偏偏很多人試圖或企圖否定它，最後假了……

「否定」的精髓所在：

1. 放棄第一思維印象的答案，採用深層思維的不同角度，作出回應。
2. 說對方喜歡聽，和聽對方喜歡說的。
3. 要贏人，先要欺騙自己。

「順勢」（Homeopathic）

運用周遭的資源和實際條件，來協助自己面對母體的問題，就可以在回應中作出更有利的演繹。「借鏡」、「將錯就錯」和「錯有錯着」都是較多人常常使用的「順勢」元素。要記住，對方被說服，並非單單是我們的功勞，而是將很多其他的人、事、境、物，使之為材料，順勢而行，成功之象便不脛而走近了。

在「順勢」這元素裏，最重要是懂得「借勢」。自己的條件不要放大，因為這會對周遭構成阻力，外圍的物質總是會在你自身的條件上加上荊棘，你可能要用面對挑戰的能量去披荊斬棘，衝出重圍，方可抵達你預期的結果。

「借勢」的優點是，不與氛圍對抗，善用人脈、事態、境況、物資等的各樣特有條件，將之與思維串聯起來，為自己創造出暢順的發展優勢。就如我常說的，要受歡迎，就得要「說對方喜歡聽，聽對方喜歡說的」，這是藉對方的勢和話題來創造自己在溝通上受歡迎的優勢，達到無往而不利的境界。

　　說到「將錯就錯」、「錯有錯着」，相信大家都不諱言在古今中外、歷史典故中，也有過不少錯得很經典，後來又很對的例子了。如歷代皇朝的轉變，都是由執政者認為是錯誤的行為開始。甚麼革命、甚麼起義、甚麼作反的行動後，又進入一個新世界、新紀元。即是說，「順勢」的特質就是可以透過人、事、境、物四樣材料，帶你到達一個新景象，一個混合不同資源的結合體。

　　在「順勢」這元素裏，切忌與資源對立，這會熬盡你的思維能量，令你疲憊不堪，最後，仍是與好結果無緣。

若然順利還未到，先送方便予他人，人家方便多了時，順利自然走近來。

事浮於人，創造機會；然人浮於事，則創造價值。

「順勢」的精髓所在：

世上沒有走錯的路，只有走遠了的路，可是無論多遠的路，都不會是沒完沒了的。因為我們終歸有一日，要找一個路口停下來，歇一歇息，那個路口的名字，就是「我們的成就」了。

「創造」（Framing）

由「虛無」到「實有」的過程，以量化為例子，由 0 到 1，全然是「創造」的精髓。而由 1 去到 2，然後到 3，再到 4，再到以後的則是「複製」；而由 1 到返回 1，又再到另外一個 1 就是「模仿」；而由 2 去到 4，再到 16，這叫「幾何」；而由 1 去到 1.2，隨後到 1.3、1.4……然後再去到 2 之前，這叫「改良」，或叫「進步」。

而由 1 回到 0 則是「毀滅」，所以我們盡可能要 > 1，否則一切關於自己的都會消失。故此，我們要盡可能做到「局限下，極大化」。

假設自己是最好的，用「良心」跟自己說：建立家族時要做＞1 的安排；如果安排是負數（＜0）的話，家人便要承擔自己的責任；如今天的隔代貧窮問題，就是在「創造」這方面忘記了做點功夫。

由 0 到 1 需要最大的能量，由 1 到 2，或由 1 到另外一個 1，則相對比較輕易。但若持之以後不作改變或提升，又或過分擔心滿足不了對方的要求，就有可能回歸「毀滅」。

創造的精髓所在：

「創造」可協助人面對疑問時，容易到達通明的程度，新角度的意念能給予新鮮感，對成事的進度增強不少效益。

沉澱（Precipitation）

沉澱的靈魂是時間，其思考方式（Thinking Pattern）是依附在時間線上，將時間建構成一個思維過濾器，又或者叫它做漏斗。由於時間本身不是屬於

看上去很成功的人，背後都必然沉澱着很多利益及方便。

某一個人的資產，這跟一個人有時間的概念不是一樣的，在這一點時間觀念上不要混淆。以下是解釋二者之別的例子：

有一位保險業務員，跟一位父親洽談一份為他四歲的兒子買的教育基金儲蓄計劃。

業務員可以這樣問那位父親：「陳先生，如果你的兒子現在過來問你打算用多少年時間來替他預備十四年後的大學學費，你會否感到安慰？同時回答兒子現在就開始幫他儲蓄呢？」

他又可以換個角度問：「陳先生，時間過得很快，轉眼間你的兒子今年就升大學了，他走到你面前跟你說：『爸爸，明天我升大學，要交學費啦！』你會如何回答呢？是當下開始湊，還是說自己早在十四年前就已經着手儲起了一筆教育基金呢？」

在這兩段提問說話裏，業務員運用了時間這個元素，來令身為父親的陳先生感受到要考慮替兒子設立教育基金儲蓄計劃的逼切性，而這正正是借助時間

沉澱得來的效果，對作為一位疼愛兒子的父親的窩心決定。

沉澱這元素，在運用過程中必須要自然，而且將有利結果的資訊、材料和東西都保留起來，當這些一切獨特的物質經過沉澱過程，去到最底層的時候，它們都會結合成精華，有強化回憶的作用。

在上述的例子中，雖然兒子現時只有四歲，但父親可能即時在腦海浮現兒子入學或大學畢業的畫面，因這思維上的未來回憶而流露出一個微笑，最後成為有助於業務員促成業務的機遇。

沉澱的精髓所在：
要將好東西沉澱在關係裏面，令物質的密度濃度加厚，聚積在底層裏，而沒有用及多餘的東西則讓它們停在上層的位置，在時間的罅隙中蒸發。經過時間的洗禮，將好的東西保留，並強化它。

未來就是健康，賠上的就是生命的時間，賺回來的卻是千噸重的關懷！

擴散（Spread）

在逆向思維裏，變通性是一個非常重要的特質，用移形換影來形容這個特性最為貼切。而在五大元素中，擁有這個隨機應變能力的，就是「擴散」了。

擴散的個性：

1. 能夠從已知的一點，伸延至既存在而不知道的另一點，又或可由原來的一點，衍生出不同方向的多點。從點到線，再從線到平面，然後立體化，產生出來的思考方位因 N 方向（N-Directions）的變數而無遠弗屆。

2. 很多時候運用擴散去思考的落腳點，不一定是在當事人的視覺或想法內，因為它的高度變通能力，會沿不同的方向以折射或幅射的方式伸展開去。

3. 擴散有一種微妙和敏銳的方向感，它雖然是這樣，但它絕對不會走回頭路，返回原點（起點），最低限度它都會動一動身，在原點的旁邊着地，向外發展（Move Outward）是它的本質。

4. 其實要了解擴散並不困難，在網絡世界（Internet）的連繫建構（Infrastructure）就是擴散模式的樣本了。而在醫學界的腦科專家，以「思維之網」來形容以擴散這種元素思考的思維模式。

在擴散跟變通之間，有一個「開關」。在五大元素中，擴散是沒有障礙的，因為當它遇阻時，便會釋出變通因子，先考慮其他方向的可行性，然後再繼續向前方邁進。不過有時候可能會因此繞多了路、迷了途、花多了時間或資源。這個時候，你或者會感到乏力或沮喪，但請你不要氣餒和洩氣，因為要令變通能暢通無阻，堅持是不可或缺的。

擴散的精髓所在：

堅持，就是將擴散跟變通束在一起的緊箍咒。一鬆，便前功盡廢了。

逆向邏輯—— 兩種模式

貫通（Transfixion）

運用上文所述的五個不同元素，串連技巧，就可以一步一步地連貫起來。每個元素都有其獨特的賣點，而在「貫通」的演繹當中，每個元素賣點之出現都必須鮮明俐落，每個段落和間隔都要有所連貫，有所黏結，就如人生中有「喜、怒、哀、樂」，季節有「春、夏、秋、冬」，文章中的「起、承、轉、合」，說話時的「抑、揚、頓、挫」一樣。

「貫通」前，需要全面獲取相關資料，以逆向思維的「五種元素」先梳理點子，排好先後次序，然後流暢地穿越每一個溝通關卡，直至通行無阻，甚麼高山低谷，都阻礙不了與談話對象共同前進、達成共識，能令對方茅塞頓開，恍然大悟，弄通了道理，隨之而來的事情就好辦了。

融會 (Integration)

　　世上每樣事物，皆可以找到一個共通點，將它透過五種不同元素，技巧化地融會在同一點上，就可以成為最大的賣點。在「融會」演繹當中，不是要展露出每種元素的特點，而是要運用它們的共通點，銳意擴張爆發出來，就如一枚子彈從槍管發射出來一樣，直達事情的癥結。比方說人生中不可或缺的「價值觀」、「品格」、「道德」、「禮儀」、「修養」等東西，就是「融會」下的結晶。

　　「融會」跟貫通最大的分別，在於一個境界，就是「領悟」，往往在領悟後都能帶出獨創一格的物質來，而該物質可以有助於溝通上的摻合，達至雙贏局面。

逆向邏輯——
觸類旁通創意銷售技巧

從事銷售行業的業務員，常常都要為營銷的產品找切入話題，來引起準顧客的興趣，繼而進入銷售程序，促成業務。但找話題說來容易，到實戰近身交手時，「搲爆頭」都想不到新穎的話題來，這個時候怎麼辦好呢？

逆向思維在這個時候，可能就能替你解圍了。

在五大元素裏面，「創造」就是創意銷售技巧的根本，由沒有到有，再由有到更多，不單只是一個進程（Progression），而且更是創意的發揮。

創意銷售技巧分類：
1. 借物創意（Borrowing Ideas）
2. 情緒創意（Emotional Creativity）

3. 洞悉創意（Insight Into Creativity）

4. 佛系創意（Buddhism Creativity）

借物創意（Borrowing Ideas）

顧名思義，是透過觀察力，將隨手拿來的物件，以比喻法將物件與銷售的產品或服務憑空切入，結合成天生一對的話題，做到有 A 就有 B 的效果，以下舉個例子說明：

有一位推銷梳子的業務員，去了一間香火鼎盛的寺廟，見了一位住持，向他推銷梳子。旁人看見，都不禁竊笑起來，並道：「哪有和尚需要梳頭呢？」

但後來業務員見畢住持後，滿面笑容地離開寺廟，善信和廟內弟子們都嘖嘖稱奇。

其中一位弟子問住持：「師父，剛才來找師父推銷梳子的業務員，為甚麼離開時會那麼開心呢？」

住持回道：「那施主跟我說，每日那麼多人來添香油、祈福和捐獻，離開的時候都滿頭香灰。他提議可以在每把梳子上印上佛語或經文，再將梳子送給每一位來寺廟的善信，這樣可以感謝他們之餘，又可以傳揚佛理，導人向善，種好因果。我聽完之後，覺得非常好，因此向他下了一張 5000 把梳子的訂單。」

以下又有另一例子：

相信每一個人都有朋友，而跟朋友吃飯，聚會消費、維繫友情，是一件非常平凡的事。但試想當人生不濟時（比方說病倒了），需要找朋友在經濟上支援的時候，可能只得來一句「愛莫能助」的說話。

如果現在你只需要拿每月與朋友吃一頓飯的消費，投進一份保障計劃，那麼當健康出現問題時，就不用去考驗友情的韌度，省卻了彼此尷尬的情境。你會願意將這一筆小小的金錢拿出來作投資嗎？

借物創意的銷售技巧，在於必須利用一件物質來作引子，再去推銷概念。

第一個例子的銷售概念並非梳子，梳子只是中介，重點是印在梳子上的佛語或經文可以吸引住持下單。

第二個例子的物質並非每月一頓朋友聚會的飯錢，飯錢只是日常花費的一部分，而是不想考驗友情的概念。很多時候，借用無價的物質比對有價的物件成效會更佔優勢。

總括來說，任何物質都可以借來放進銷售鐵三角之中：

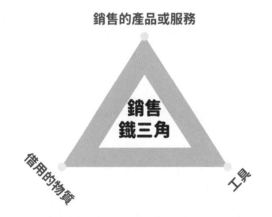

情緒創意
(Emotional Creativity)

　　有時候在銷售過程中，客戶的情緒是非常關鍵的，因為它是促成整個業務交易成功與否的開關。在逆向思維的世界裏，一個人只有兩個狀態下會作出決定：

1. 亢奮的時候（Excited Moment）
2. 沮喪的時候（Dejected Moment）

　　在亢奮的時候，身體和心情都會處於高溫狀態，而且不斷上升，如果不作出決定，整個人都會過熱（Over-heated），情緒會在現場「燒傷」，在事後會有失落感。相反，在作出決定後，整個人就如在高溫的情況下，淋了一桶冰水，精神為之一振，爽透了。相信大家都曾經有過類似的體驗，就是在熱辣辣的夏日，洗一個冷水澡，感覺超爽！

　　補充一句，人在亢奮或喜悅的時候，做決定也是一件賞心樂事。

反過來，在沮喪的時候，人就像身處牢籠或密室內，動彈不得，若遲遲不作出決定的話，則會被困在死胡同裏，令情緒變得越來越煩燥不安。

這個時候，當事人需要的就是在千鈞一髮間從很窄小的空隙中逃離現場（Narrow Escape），這時候，下一個決定就如扭開那個逃生門門鎖，逃出生天。

以下我再用一個例子說明之：

無論一對情侶相處多久，當去到談婚論嫁的時候，少不免要上演一幕求婚的戲碼。每一對夫婦，你們還記得被求婚一方當時的情緒狀態嗎？相信接近百分百的被求婚者都是在情緒高漲及亢奮時回應一句「我願意」的了，沒可能雙方都在情緒極度平靜時，突然相互看着對方說：「我們不如結婚吧！」然後就走入教堂吧！

情緒，是一個人生命裏最寶貴的東西，因為它，你才有活着的感覺。

洞悉創意
(Insight Into Creativity)

洞悉創意跟先前的兩類創意非常不同，所謂的洞悉，就是透過深度觀察力，透徹了解事情的本質，然後將自己定位在該事情的內裏，與事情共融，務求做到易地而處，切身體會事情與你將要銷售的產品和服務的關係，是不可分割的。

有洞悉力的朋友，往往能看到事情背後的動機或源頭，因此能在準客戶不經意間將之帶到促成交易的軌道上，順勢發展。

在我們的日常生活中，不知道你可有過這樣的體驗？有一些人，你很喜歡跟他們溝通和相處，但又説不出個所以然來。

其實這種情況，你可能已陷入了不經意的刻意佈局中。你試想想，有一些人你喜歡與他交往的人，原來只是為了喜歡再聽到他常掛在嘴邊的口頭禪，例如：「我俾個官你做好冇……」，「你估你真係邊個邊

個呀……」,「宇宙嘅盡頭咪就係你屋企囉……」。

又或者是為了想重複看到他的小動作,如緊張時伸高右手抹一下額頭,而且是每五分鐘做一次。又或者一些趣怪的食相或手勢,行為或表情等。因為這些不經意的表現,就如一些類似催眠的過程,令你上癮,欲罷不能。

另一個例子,就是一些單句的結束語話術,令對方跟你溝通過程中的印象,停留在這一單句,例如:「等你好消息」,「不見不散」,「別客氣,應該的」等等,對方會因為這些最後的一句說話或文字,記得跟你還有後續的事情發展,不時重複地向你作出提醒,這也是洞悉創意的一些溝通技巧。

我再帶出一個關於洞悉創意的說明,叫做區別技巧(Differentiating Skills),我試舉例:

意思 V.S. 意義

人在一件事情上作出選擇時,出發點只在自身利

事物影響了我們的生活,關鍵不在於事物的本質,而是關乎人的視角觀感。

人生存在世不是為了創造效果，而是為他人植樹種果，這才是人生最富意義的成果。

益上，在這情況下，主角都會覺得這是一件有「意思」的事。例如，你為了賺錢去做某件事情，這情況你會覺得有「意思」。但若然你做某件事情是為了惠及他人，自己不是最終受益者，那你自然會覺得自己所做的事情是非常有「意義」的了。在同一件事情上，透過「洞悉創意」，你可以找到最高價值的意義。朋友，請問當你決定做一件事情的時候，你會以「有意思」作為出發點？還是以「有意義」作為主要的原因呢？說到這裏，你可能會即時套用這個洞悉創意在你的日常生活裏，令有意思的生活，變成有意義的人生。

總括來說，不經意的刻意，就會有生意。

佛系創意
(Buddhism Creativity)

我們都知道，世上最高深的銷售智慧，非信仰和哲理莫屬。前者以不同的品牌化身成一種接近對宗教的忠誠，使自家品牌能有固定的擁戴者。但是不論如何，信仰是看不見、捉不到的，是一種無形的心靈能

量。有信仰的人，生命力都會比較頑強，因為他們有信奉的神的庇佑；而哲理則是關於宇宙人生的根本和原理的智慧，當中涉及到人生觀的種種課題，如人生的目的、價值、意義、形態等，這些都對人們的生活或生存起了不少指引作用。

有見及此，所以佛系創意通常是源自智慧箴言，和不同的概念。而佛系創意本身是用來深刻探求事情的核心價值的。

就以「無」與「有」這兩個概念舉例來說，如古人老子所說：世上有「無」這個概念，就自然有「有」這個概念。其實「有」和「無」是同一個概念，而概念之間的聯繫就是知識的存在，所以人們構造概念的目的，歸根究柢是為了把握直覺與不同觀念的準確性。既然「有」和「無」是來自同一個概念，因此整個概念中如果只有「無」是不完整的，故此就有了「有」來互補不足的結構，而結構卻影響了事情的發展，但無論如何發展，結果都是一樣。

逆向思維，是現代人的釋懷，就一言驚醒的智慧。

宗教銷售法例子：黃大仙拜神

在香港，相信沒人不認識黃大仙吧！每日都有不少人會到黃大仙廟求保「平安」，但話說回來，我們都不會相信只要求了保「平安」，人生的「不平安」便會消失。

我們嘗試套用那「無」與「有」的概念來完整一個意外保險銷售創意結構。「平安」是「無」人生風險或意外的概念，如果在黃大仙廟內求了保「平安」，那「不平安」這個「有」人生風險或意外的概念又在那裏可以保呢？

其實人一生中，「平安」和「不平安」的出現都是在我們預料之內但意料之外，「平安」保了，為何不投保一份個人意外保險來保「不平安」？那豈不是無論「平安」或「不平安」都保了，這不是更好嗎？

我們的人生不能只歡迎「平安」來，而拒絕「不平安」的到訪，因為它們是雙胞胎兄弟，就如「幸福」與「不幸」，也是人生不可擺脫的孿生姊妹。

哲理銷售法例子：免費午餐（Free Lunch）

相信不少人聽過「世上沒有免費午餐」這句至理名言。這句說話是一個「無」的概念，但又有多少人知道這句說話的不完整呢？又有多少人知道它要找回完整、互補不足之結構的那一個「有」的概念嗎？

可能你會說：「吃免費午餐的人要付出『代價』的，那『代價』就是那個『有』的概念。」但從我的IDEO 逆向思維看來，並非如此。

世上之所以會有免費午餐，是因為被你吃了的東西，背後有人替你付了賬。

因此不知由何時開始，我們的社會有了免費報紙（閱報者的費用由廣告客戶付了賬），網絡上有免費的社交平台和電郵地址（帳戶使用者的個人資料成了服務供應商的貨物）。

無價的握手，是最昂貴的，因為還不起。

人無知，才會學；人知了，才會修；修多了，才會練；練熟了，才會精。

其實世上哪有這麼多的創意？一切都只不過是思維裏的窟窿罅隙內的小念頭，只要逆向翻一翻腦袋，甚麼創意也湧泉而出，再在言行舉止上加以配合，勤加操練，銷售技巧就自然天衣無縫了。

拆句三句釘

當同理遇上同情，同情令對方反思，同理則產生共鳴。

在 IDEO 逆向思維的溝通方式中，有一種技巧叫做「三句釘」話語模式，當中的話語或語句結構，都是以三句去完成需要表達的訊息，同時在三句中配搭上逆向思維的邏輯，每句都必然包含一組非常主要的兩字詞語，而三句分別有三組兩字詞語，看上去可能覺得扯不上任何關係，但當透過逆向思維去設計語句時，便不其然產生微妙的化學作用，成為一組立體化的訊息，句與句之間都能緊緊相扣，引出潛藏在對方思緒中期待的想法，在不經意間提高了溝通的流暢度和伸展性。

而三句釘中的「釘」，就是要在每一次表達文字訊息或話語訊息時，先鎖定正在溝通的範圍，只有不離題，才可以共同朝着目標的方向逐步進發。或許你會認為這是一種套路方式的溝通技巧，但在人際溝通的世界，實在太多離題萬丈的交流，若然要水到渠成的話，鎖定說話內容，採取三言兩語的溝通方式，總好過一言難盡。

三句釘的特質

　　過去多年來，在我與他人溝通的經驗中，發現每當說到第四句說話的時候，對方大多數都會記不起第一句表達的內容，致令彼此溝通過後出現內容缺失的情況。記憶已經不完整，更遑論期望對方能在思考過後，收到我傳達給他的訊息了。

　　有見及此，在三句釘的語句設計上，是有一些秩序和規範的。首先你要預備三組兩字詞語，它們之間可以是無關痛癢的，然後將它們排好先後次序，以每一組詞語來創作一句話語或文字訊息，並以三句為限。

　　三句裏面，有一句是訊息重點所在，也是跟對方能產生共鳴的一句。而另外的兩句，則主要是用作護航、製造氛圍或懸念。

第一部分
何謂逆向思維

分享，是為了尋找共鳴！

在溝通的平台上，我們需要的並非表達自己的想法，而是要切入對方的意願。

"

三句釘的功能

在 IDEO 逆向思維課程中，學員最喜歡學習「三句釘」的語句設計技巧，原因大致上可分為三個範疇。

首先是三句釘能夠長話短說，避免一言難盡，令訊息變得冗長無力，使人煩厭反感的表達弊病。

其次，三句釘能將要表達的內容立體化，提升訊息的深度，令對方印象深刻和沉迷當中。

最後，亦是溝通的重點，就是以深入淺出的方式讓對方容易接收，又能回應你所表達的內容和期望獲得的答案。

三句釘例句

以下是一些我過去在課堂上創作的三句釘，也有些是在我的專業工作提供服務時，說過給客戶聽的。大家不妨看看，你又會喜歡哪些句子呢？

當你不想接受或面對某件事時，

這件事，

就會變成你的煩惱了。

x　　x　　x

你的信念，

不一定會讓你心想事成，

卻會招來不測的因緣。

x　　x　　x

真正把我們逼到走投無路的，

不是那些狹隘的價值觀或主流媒體，

而是我們自己錯誤的認知與無明的妄想。

x　　x　　x

愛一個人，

何止是他或她的全部，

還有他或她的本來面目。

照顧好你愛的人，

不單要用上你一生人的心力和時間，

還有他或她留下來獨自想念你的歲月。

x　　x　　x

過眼的是雲煙，

那麼過不了眼的又會是甚麼呢？

難道就是你放不下家人這個包袱嗎？

x　　x　　x

任何傷痛只要你肯面對，

這個傷痛就不是傷痛，

而是你的老師。

x　　x　　x

你不缺的東西，

就是你沒有的東西，

這東西便沒有了。

掟價值

常以習慣來生活的人，辦事也是常常自限，見好便收。

IDEO 逆向思維的價值

要說 IDEO 逆向思維的價值，就要從其價值觀說起。在前文曾提及過，它是一種「被動思維」（Passive Thinking），主要是用來作出回應和溝通之用，而並非用作進攻。它是不能獨自存在的，所以它的價值就是要讓主角更出色，更出眾，將價值全套在主角身上，令其更吸引。因此它的價值觀念不在其本身，而在它棲身的產品或事情上。說到這一點，不能不提及「性價比」這概念，而 IDEO 逆向思維無疑可以提升一個人在他專注的競爭市場上的性價比。

那麼，如何運用 IDEO 逆向思維提升個人市場性價比呢？

性價比（Price-performance Ratio，或譯價格效能）在日本稱作成本效益比（Cost-performance Ratio）為性能和價格的比例，俗稱 CP 值。

一般來說，性價比指的是一個產品能否根據它的價格，提供等值的性能或能力。在不考慮其他因素

下，有着更高性價比的產品是更值得擁有的。

套用在一個人的日常生活中，其生存能力和個人市場性價比，都是分不開的。所謂物以類聚，人以群分，我們從小便知道這個物競天擇的道理，説到競爭和選擇，性價比就自然成為了參考因素。

來到第一部分最後的章節，是時候集合先前所提及過的知識和技巧，多加練習，這樣在生活上凡事都能得心應手。

總結 IDEO 逆向思維的六個非常關鍵的點子：

1. 逆向思維本身根本不存在，它是依附在原始訊息（原念）上反射出來的回念。
2. 逆向思維是以接收訊息為思考的出發點，並非以表達的角色而去表達訊息。簡單來説，不是為了自己想表達而表達，而是為了對方接收而才去表達。
3. 雖然出發點跟大多數人不同，但結果和最終目的都是和大家一樣，殊途同歸。

能力是爭取表現，境界是懂得為何，將能力融入境界，就是以捨換真取。

4. 「不思考」也是一種思考模式，它是儲存在
潛意識層面的相關訊息，跟個人經歷和當下
環境因素醞釀出來的思維組合「醞釀效應」
（Brewing Effect），或者可以稱之為「靈感」
（Inspiration）的思維狀態。

5. 說對方喜歡聽，和聽對方喜歡說的。

6. 成功來自 99％的失敗，若然人生連失敗的
配額都沒有，那怎會有條件來迎接成功的
來臨？

運用 IDEO 逆向思維來提升個人市場性價比，不
要從「營銷」（Sales Oriented）層面着手，因為你
這樣只會吃力而不討好，若然要討好則要付出更大
的努力。而反觀着手於「個人品牌效應」（Personal
Branding Effect）的「市場導向」（Marketing-oriented）
層面多花點心思，效果會更顯著。

如何開始？

可以細心咀嚼最後的十段「逆價值」心法：

1. 時間根本不存在

以「多維基礎」（Multidimensional）去看時間，會發現以下答案：

- 用經歷和實戰創造時間，縱使只剩最後一分鐘，結局也會因我們馬不停蹄的努力而改寫。
- 經歷就是時間，表現就是數字。
- 不做便沒有時間了，因為它等待你的付出已經等得不耐煩了，快擠出做事的時間來。
- 逆向元素下的「最後一分鐘」概念：

  否定：慢慢來，比較快。

  順勢：既然最後，不要浪費。

  創造：最決定性的一分鐘。

  沉澱：每秒求生一次，便有 60 次生機。

  擴散：這分鐘走在最後，跟時間比賽！

2. 努力不能沒野心

誰都努力，但未必人人都成功，關鍵在於誰的努力有盛載足夠的野心。其實在這個非常另類的時代，野心不夠，徒勞無功。相信很多人小時候上中文課，

時間的流逝，就像是欠債時的利息，越加越快，越來越高，用甚麼來償還？青春。

都必然會有過一條作文題目叫《我的志願》，或許今天你從事的工作或專業，都跟當年那個志願風馬牛不相及。但你還記得那個時候寫出志願的心火嗎？如果今天你的心火仍未熄滅，那你定能擁有你想要的生活，而且這心火也能燃燒你不斷改進自己的野心，將它注入你的努力中，努力到無能為力，讓世界也因你的努力而感動，為你改變。充滿野心的努力，能夠把事情幹到極致，到時候，你會因為圓滿到達目的地而流淚，而那些淚水就是你送給自己的獎勵。

結論：世上沒有白費的徒勞，關鍵的是要有足夠的野心。

3. 讓更多人認識你

當年我開始從事歌手宣傳推廣工作時，心想要是自己認識多一些有影響力的人士，就可以事半功倍了。但說實話，原來去認識人是非常吃力的，試問有哪一位做 Cold Call 的營銷人員會說做 Cold Call 是一件優差呢？所以在逆向思維下，我對推銷（Sales）和市場導向（Market-oriented）有一個獨特的詮釋。

Sales 的營銷模式是你要主動去尋找客戶（Prospecting），認識更多的人，製造業務（Make a Deal），但 Market-oriented 的營銷模式則是以口碑招徠，注意「品牌效應」（Branding Effect），讓更多人認識你，知道你是誰，和知道你的厲害之處、強弱所在。所以下次當你與你的準業務對象會面前，先以不同方式去讓對方認識一下你。

結論：印象先行，功到自然成。

4. 所有人都比你重要

很多時候營銷人員在進行業務過程當中，少不免會因利益而犯了私心顯露的大忌，令準客戶感覺不舒坦，以致令業務泡湯。努力付出了，修不成正果，無疑是一件很可惜的事情。我們可以怎樣避過這種不幸呢？

其實所有營銷高手，從來都是反本能而為之，而且對於每一場會談，都視為最大的娛樂，和不斷為自己的生活埋下彩蛋（Lucky Eggs），彩蛋能使你的人

生充滿驚喜，而且將生命燃亮。

而更重要的事情，就是任何人都有可能成為你的客戶，給你力量和報酬，而他們只是需要你回饋一樣無價的東西，那就是「視他們比你更重要」，因為世上沒有人不喜歡被人重視，而人往往會因為受到重視而作出消費，所以我們的商業世界有一句名言：「顧客永遠是對的。」

結論：與客戶的關係能維持多久，還看你令他感覺到你有多重視他。

5. 人生無處不飛花

1995 年，我創作兩句勉勵聯句，贈予我的老闆作為生辰禮物：「坦途無峰高，無處不飛花。」當中的意義又是甚麼呢？

人生的道路難免滿佈沙石，但不要忘記它們只不過是構造這條道路的物質，而並非是為了阻礙你的人生發展。我們要相信，踏過的路便是途，也是命，命

途中留下的痕跡是血汗，只有記憶長存沙石之中，如果沿途平坦無沙石，那又何來有機會嘗試登上高峰的滋味呢？而「無處不飛花」，則是告訴大家人生何處不可創造商機呢？只要你願意，無處不可為。

結論：紅人紅在心，能人所不能。

6. 感恩比能耐重要

究竟甚麼才是人生最重要的呢？

從 IDEO 逆向思維看起來，人生最重要的是看不見的，雖然我們自己看不見，但它能製造他人來親近你的環境。若然我們在這方面多關注和上心，對萬事萬物心懷感恩，生活和工作上的麻煩便自然會一掃而空，時常保持原本真我的光澤，令你的人生閃閃發亮。

有些時候，我們會因一些成績或獲得某種殊榮，證明了自己的能耐，而自覺比他人優勝。這個時候，IDEO 逆向思維告訴你，有一種物質比起你的能耐還

感恩是對生命的尊重，對別人生命的欣賞，對人與人的關係的在乎。

重要，而這種物質更能令你保持最佳狀態，提升機遇，它就是「知遇之恩」。懂得凡事感恩的人，從來都是機遇處處的。每一位客戶，都會珍惜時常向他感恩的顧問或營銷人員。

結論：人總會有低落的時候，凡事做好本份以外的好，總有旁人會看到你存在的意義。

7. 異議原來是關注

在營銷活動中，很多業務員會認為「異議」或反對意見（Objection）往往是促成交易的最大障礙，但在 IDEO 逆向思維的世界，異議是一個生意的契機。試問那些對你提供的服務、推銷的產品或計劃丁點兒興趣都沒有的準客戶，他們其實連異議都可以省下，不理不睬地走開便可以，為何還要給你反對意見呢？所以凡有異議出現的會談，十居其九都是因為關注，才會作提出異議的舉動。

面對異議時，你可能會感到困難，甚至討厭，但礙於形象和業務的關係，又不能喜怒形於色，令表現

大打折扣。這個時候，最佳的解決方法，就是向對方發出「理解他提出異議」的問題，例如：

準客戶：「我現在沒有錢。」

業務員：「那你有沒有想過甚麼時候會有呢？」

準客戶：「光是想，怎麼會有呢？」

業務員：「空想當然是不夠的，一定要配合實際行動！」

準客戶：「誰都知道！」

業務員：「那你早點開始行動，就早點有錢囉！錢要儲才會有的！」

準客戶：「我現在哪有這麼多錢啊！」

業務員：「儲錢這東西，豐儉由人，你說每個月儲多少就儲多少！我也想你快點變成有錢人……」

就上述的例子，將對方的異議轉化為關注，效果自然水到渠成。

結論：異議就像一個門鎖，只要找到關注的鑰匙，一拍即合。

困難才是活著的氣息，否則活著就乏味無聊。越過它，精彩之地就在下一步。

一生人無無聊聊到白頭，是一種非常笨拙的成長方式，所以在人生的經歷中，要時常保持備戰的狀態，這樣當機遇來到你跟前的時候，你便可以當機立斷，乘勢而上，創造一個又一個成功的個案和經驗。如果過分迷醉於玩世不恭，就算適逢有人對你青眼有加，你也不會知道這份欣賞背後帶來的影響有多瘋狂。因此 IDEO 逆向思維提醒你，面對思維的角力時，緊記打醒十二分精神，狀態不容有失。

結論：閒到白頭真是拙，醉逢青眼不知狂。

9. 近距離文字搏擊

在各式各樣的溝通模式中，發短訊是我最喜愛的，我將這種技巧稱之為「近距離文字搏擊」。雖然只是文字交流，但其實也是思維上的角力，心理戰術的一種糾纏。

很多人都認為，短訊是用來寫你自己想寫的東

（左側直書文字）努力也要有其他物質配合，這就是與成功連繫的機遇，與契機遇上才是事因由。

西，和保持聯絡。但其實在 IDEO 逆向思維看來，短訊確實是人與人之間近距離的文字搏擊，而且用途甚廣，心思盡顯。首先我要強調一點，短訊的主要目的，是用來為一件事情的成功作出「邀約」，發出短訊的人「主動」創造「被動」，短訊用的文字要有「溫度」，才能令接收方「感動」，和願意給你「回應」。有時候對於一些帶有異議的短訊，還有一種獨特的技巧處理，就是先 "Sorry"，後 "Thank You"，其實這種技巧我們在日常生活中，也屢次使用的。如乘升降機到達目的樓層時，我們都會很自然地跟站在你前面的人説：「抱歉，我要出去。」越過了那人後隨即又會回頭説：「謝謝。」

下一次當你寫短訊時，不妨記下 IDEO 逆向思維的三個「客戶不會拒絕跟你聯繫的原因」，好嗎？

1.「喜歡」你
2.（在「時間」上）有「逼切」感
3. 有「禮貌」

結論：寫對方「喜歡」看的訊息，欣賞對方「喜歡」回你的訊息。

多謝，是最懂禮貌的愛。

10. 拚搏到感動自己

還記得電影明星張家輝先生拍完《激戰》後，替運動用品品牌 Adidas 拍了一輯廣告，海報畫面中有一句逆向思維的語句，就是「要贏就要不自量力」。因為當一個人不去衡量自己能力的時候，他的能力便沒有限制，爆發力驚人。就如一輛一級方程式跑車，永遠都要向更極速挑戰，這種不自量力的狀態，可以說是一發不可收拾，往往這種歇斯底里的拚搏精神，目的就是要令自己感動。因此當你在市場上跟對手比拚性價比的時候，切記要易地而處，拚搏的時候也能夠令自己感動，那你的表現才能超出預期，成功在望。

結論：若要感動他人，首先要感動自己。

逆 思 索 金 句

世間一切事實總在視線後，

看到的都是思維的傑作，

人為與空間的移形換影。

第
二
部
分

透過上一章節，我向大家介紹了逆向思維的邏輯與運用的技巧，
還有其價值所在。那麼，現在又如何可以將它展現出來呢？

於我而言，最直接的方法，莫過於以文字或言語表達。在成長的
過程中，我們都擺脫不了跟他人在思維上的角力，當中有很多的
體驗和感受抒發出來，成為生命不同階段的印記。

而《逆文集》當中不同篇章的文字和軼事，都是我實踐逆向思維
的卷帙，隨着時間的推移，它揭示了比原有故事更真實的可信
性，成為一段又一段的歷史，甚至物語、傳說、學說。

實踐

挽回遊維

拾文集

·人生篇·

機會是緣份，遇上並不代表一輩子，在有機可乘的時候，善待它，再等它光榮引退。

一輩子

　　對某些人來說，買保險是一件非常掙扎的事情，糾結了半天，甚至半年，也未能落下決定簽名投保，考慮的因素千絲萬縷，又或者説千奇百怪。

　　其實逆向看來，投保是一剎那的事，就如我們生活上每一宗消費一樣，沒可能全部都需要經過深思熟慮才成。我很多時候都在想，究竟我們一生人，除了呼吸和心跳之外，有多少事情是持續一輩子的呢？説實話，少之又少。

　　很多時候，我們也都忘記了過去的時光，常常都會從當下的一刻説，跟誰是一輩子的事了，這段關係是一輩子的了，就這樣一輩子的了……

　　但其實，一輩子的事在人生中，多數都是以餘下的歲月來作衡量的，看看父母向即將出嫁的女兒説：「婚姻是一輩子的。」又看看一位放棄前途的小伙子，

旁人都會替他心痛地說：「他就這樣一輩子了。」再看看有部分少不更事的年輕人，犯下彌補不了的過錯，都會成了一輩子的悔疚。

原來一輩子，是一個人最後一段的生存時間。而這一輩子的長短也會因每一個人在不同事情上的決定而變得不確定。正因如此，一輩子對於一個人來說，是何等的虛無飄渺，空泛而抽象，既不能觸摸，又不能冷待它。

如果要我替一輩子找個對象，我會選擇延續，因為只有延續，一輩子才不會有終結的一天，而這一輩子的世世代代，也能沒完沒了地永永遠遠，就如為一個家族繼後香燈，長明長亮。

人只有一生，但可以有很多個不同階段，活多次。

打開感官，放肆地去親近一下陌生的感覺，提升人生的趣度，成為有趣的佼佼者。"

人生的經歷猶如旅行

　　我很少遇到討厭旅行的人。旅行對大多數人來說，都是愉快的，很難忘的，至於那極少數的一群，相信大家都會認為是遇上空難、天災、或慘絕人寰的悲劇的旅客吧！

　　去旅行的人，有的喜歡到一處陌生的地方，漫無目的地走完既定行程，認為這就是旅行；也有的在每處遊歷過的地方，分別買點東西回來作紀念，認為這才是旅行；也有的渴望每次旅行時，都能踫上奇遇，如邂逅異國風情、體驗飛來艷福……方算是旅行；亦有的在旅程中左拍右攝了數之不盡的照片回來，便覺得是次旅行物超所值。

　　說到底，旅行就只是一次又一次的遠行嗎？

　　於我而言，真正的旅行，並非是乘搭甚麼等級的機位到別處遊覽一回，也不是離開工作崗位，放下煩

惱往外跑一圈，而是人生的經歷。我喜歡將人生中觀察到的東西，體驗到的經歷，都運用我的逆向思維來進行思考，消化它們的存在意義，和出現在我人生的訊息，總希望能活用到自己的工作與生活當中。

還記得我有一位好朋友，他在愛情路上遇難好幾次，又遭逢家人不幸過世的打擊和職場上的不愉快，令自己生活在陰影多年，心靈都不能平復過來。

這樣的不幸個案，我相信在我們的社會裏，真的是屢見不鮮。因為試問哪裏有人不會有離世的一天？哪裏有人在職場上永遠愉快？説到愛情，能畢生第一次就遇到一場就此走完一世的愛情，更是萬中無一。不善用人生的經歷來活化將來的日子，未來的人生又會好過得到哪裏去呢？我衷心希望這一位好朋友，能夠繼續再啟程旅行，展開他的未來人生之旅。

人生之旅，才是一生人一次真正的旅行。若然只是將體驗到的經歷，當作紀念品收藏，拿來刺激回憶的話，可能會浪費了它的心思。難道人生只是圍繞着好幾件令你值得回憶的事情打轉，就足夠了嗎？

　　人生的百樣經歷，無論順逆，不是叫我們留下來緬懷，而是可以好好加以活用。試試將經歷過的事情，活用於每一天的新生活裏，用更積極的態度面對人生，我們的人生之旅，才會繼續處處風光明媚，令人活得樂此不疲。

　　要打造精彩的人生之旅，何不嘗試以經歷做盤川，以觸覺做相機，以感覺做儲備。這樣的生活，才是一趟令人拍案叫絕的旅行。

要從痛的領悟中得到解脫，最好的方法就是放下，畢竟痛從來都是自找回來的。

"

人走茶冷

有人説，茶要早上喝，能醒神寫意。也有人説，茶要餐後喝，能有助刺激腸胃蠕動，加強消化能力。亦有人説，晚上最好不要喝茶，擔心難以入眠。

其實，茶應當熱着來嚐，品茗之重點不在於時間，而是在於心境與氛圍。帶着休閒憩息的心情品茗，來泡茶、燒水、洗杯、定神，那便是茶最有份量的時候了。

有些人喜歡以茶來借喻人生：濃茶的人生最苦最澀，淡味的卻清心自在。水滾茶靚，水冷茶涼，這令我聯想到人在職場或仕途的境況。常聽人家説，人在其位，當盡其責；不在其位，與你何干？這些職場生涯的遊戲規則，只要是踏足過社會打過工的人，都明白這個淺白的道理。

一個職稱，就如一口茶，你可能在擔當某職務

人生站在不同位置，看到的風景都不一樣，但經歷的過程大同小異。

實踐逆向思維

第二部分

生命是一種消耗，換來的是人生，然後活出意義。

或擁有某身份時，享有喝下這口靚茶的待遇，一切福
利、好處和優勢，都是你擔任的角色賜予的。

直到有一天，你離開這個職稱的角色時，那一口
靚茶便會端到取代你的人的味蕾上，人走茶冷這人生
百味，在那個時候，你自然比誰都更清楚明白。稱職
跟職稱最大的分別，就是你的能耐跟你擔任的崗位未
必有最直接的關係，你的下線可能比你更能幹，青出
於藍而勝於藍。如果真的是這樣，也請你別太介意，
因為每一口茶總會有過滾熱燙口的時光。

當熱的時候，用心發揮，散發茶香，讓他人知道
你實而不華；當冷的時候，雲淡風輕，功成身退，深
信人雖走，茶依舊留餘香。

生命的純度

>>>>>>>>>><<<<<<<<<

在中國人的生命觀裏，有一種說法，就是一個人來到這個世界，是要修煉生命的純度。

有些人窮盡一生都不能修成正果，有些人在短促的一生得道成觀、遺愛人間，亦有些人英年早逝而傳頌萬代，也有些人風燭殘年、無疾而終，不留甚麼。

究竟這個宇宙有多少個世界？而世界裏又有多少個生命體在同一時間存在？再者，生命出現的目的又在哪裏？

一連串的疑問，帶來了反思生命存在的意義。生命，是一種物質？還是一種概念？世界沒有生命的出現，世界會寂寞嗎？

說到世界與生命的關係，就如象棋。棋盤就是世界，棋子就是生命，生命點綴了世界的荒涼和寂寞。

學習源自渴求，進步來自瑕疵，持續進修，是要叫奮思維退休。

進修，從來都是出路，離開原地踏步，往哪方向走，都是好。

不同的棋子就如不同生命的造化，有些棋子活不久便告別棋盤了，有些棋子在整盤棋局裏會擔任主角，成為經典，主宰世界的結局。有些棋子則為了成全大義而壯烈犧牲，成為佳話。

還有，在棋局中，兩方對峙，尤如說清楚世界上的諸般對立，相信這也是現實世界的面貌，當然可能還有更多同時展開的戰場，如正與負、面與底、前與後、左與右、上與下、對與錯，和更多更多的。

其實逆向看回生命，一個人的生命當然不及全世界生命整體本身的長度，生命藉着人，在世界裏修煉、排毒，為的是提高生命的純度，當生命仍未到達超純的狀態時，還是要棲身在人的軀體內，以五官六感去與其他生命聯繫，接通世界的訊息。

修煉生命，講求的並非是世界裏凡所看到的物質，而是生命以外的無處不在，超出軀體的現實價值，叫生命達到一種無我的境界。

就如我看過的一齣由洛比桑執導，Scarlett
Johansson 與 Morgan Freeman 主演的電影《Lucy》
的結局一樣，最後的一句 "I'm everywhere!" 就是純
淨生命的形態了。

純淨的生命並非是細胞或肉體，而是無處不在的
靈魂。

生命就像一條公路，要 High，才算是 Way！

後悔是人生中不可或缺的緣份

電影《一代宗師》裏，宮若梅在大南茶室，與葉問的最後一次約會中，宮曾向葉説過這段令人感觸的心底話：「我在最好的時候碰到你，是我的運氣，可惜我沒時間了。想想，説人生無悔，都是賭氣的話。人生若無悔，那該多無趣啊！葉先生，説句真心話，我心裏有過你！我把這話告訴你也沒甚麼，喜歡人不犯法，可我也只能以喜歡為止了，這些話我沒對誰説過。今晚見了你，不知道為甚麼就都説出來了，就讓你我的恩怨，像盤棋一樣保留在那兒，你多保重！」

然後，葉卻回了宮以下幾句説話：「人生如棋，落子無悔，我們之間本來就沒恩怨，有的……只是一段緣份！」

這幾句對白，很打動我，兩人的對話中，何嘗不是在説着有關後悔的種種？

說實話，不能回頭的人生路，又怎能可以全無後悔的情節呢？人的一生，邊學邊活，邊活邊學，哪裏來的大智慧，可以不犯錯、不吃虧、不走冤枉的路呢？

很多人都說：「明知如此，又何必當初？」這句金言，相信大家都不會陌生了。但說實在，能夠後悔，才是人生中最奢侈的緣份。生活是一齣悲喜交集的實況劇，沒綵排、沒預演、也沒重拍，我們只好融入劇情中，演好自己的戲份，親身感受苦與樂，參透角色的存在意義。

這種奢侈的緣份，與你能明白自己的存在意義有莫大關係。因為每當我們感到後悔的時候，事情都會在腦海裏打轉，心靈上都好不掙扎，埋怨自己諸多的不是，好像非要死去再活過來一遍，才能擺脫因為後悔而來的煎熬。

我告訴你，這種想法，實在有點兒太過了，誤解了後悔的初衷。後悔的出現，不是為了要令你受盡痛苦和自責，也並非要別人向你落井下石。後悔這東

請別為離開而後悔，因為它並不能減少離開的頻率，反而會影響決定離開的能耐。

後悔，是選擇，並非代價。

西，來之前必會先給你吃點甜頭，嚐點思念，讓你任性一回，痛快過，然後才來到你跟前，叫你折服。

我們都知道，生命中的幸福是不完美的，也不會是永恆的。當中的不幸，就是要我們好好經歷，在不幸的事情裏，不是讓我們事後説着後悔的説話，來證明自己敵不過不幸，而是上天要我們從後悔的知覺中明白世事不會盡如人意，唯求凡事無愧於心。

後悔，是心靈和生活之間的感應與協調，是內心對人生的感悟與反思。在人生中的一切選擇中，後悔能平衡你與別人兩者之間的公平。所以後悔的背後，總藏着幸福轉移的機遇。這種緣份，在眾生裏，又怎可以或缺呢？

一生沒有後悔過的人，他對其他人的人生，是從來沒有貢獻過，也未曾有過念念不忘的緣份。

逆向思維之反思生命

「反思生命」，這是一個哲學性的問題，不能用常理來思考，可嘗試以生存的本義起步來思索生命。

生命本身是一堂課，當中能學懂多少，就得看你能有多少時間與付出過多少努力，所以有些人喜歡長壽，又有些人說生命不在乎長度，只在乎其厚度和重量。而當中的健康、家人、財富、知識等物質，都是生命裏附帶的東西，不屬於我們生命擁有，我們只是在生存期內暫借片刻。待生命結束時，這一切都不得不放下。在這裏，一絲也帶不起，唯有業隨身，業就是因果的物質。

看看我們都認識的霍金先生，他的健康好嗎？但他對人類了解宇宙奧祕提出了很有用的分享，黑洞這詞彙不是他帶來這世界的嗎？這讓我反思到生命的意思是「由不存在到存在，再由存在到不再存在」，這就是生命的進程。

生命是一場靈性的遊歷，並且是軀體與思維的較量。

在生命裏逃亡，是要喚起革命，叫它不要活得沉悶，生不如死。

人體只是一個工具，靈魂（生存時或者叫思維比較好）才是生命的控制台，控制我們在生存時作出選擇、去學習、去思考、去表達、去生活、甚至乎去作出貢獻或破壞（當然與人連繫時也不得不運用它）。

說回「反思生命」，是開始對生命產生好奇和質疑，這是一件很美好的事情，因為它會讓我們走入人生中另外一個更成熟的階段，明白更多與自己共存在這空間的生命體的角色和其權利與義務，也明白健康的功用在哪裏，情緒是一種怎樣影響生命走向的東西，還有自身的生命定位。

說到這裏，我曾經看過一本談及生命觀的書籍，叫《西藏生死書》。當然，我看的是中文翻譯本，當中有闡釋到生命的價值和真諦，和人面對死亡應有的態度，對反思生命有莫大的幫助。

我們的生命，也有軟弱無力、處在低谷的時候，這證明了甚麼？莫非這就是平衡生命的一些機制？我們要明白，生命不屬於單單一個人，而是整個生命圈，我們每一個人的小生命，都只是生命圈裏的一個

小生命體細胞而已。

　　既然如此，對於其他生命，我們是否應該要負點責任，為別的生命體作出援助之類的行為呢？

　　一個人的生命，確實能影響另一個人的生命，這也是生命圈裏生命與生命之間的連繫模式，我喜歡稱之為「生命鏈」！

生活裏有三好不可缺，就是做事要好，說話要好，心地要更好。

計劃，永遠也趕及不上變化，只有一邊計劃，一邊調整，方可如期順利地抵達成果。

逆來可以順受

　　很多時候，我們都會將不如意事視作逆流，總是叫我們不好受的，而當中讓人最難受的莫過於是壓力。因此，我們若然想將逆來的事情帶來的壓力影響度減到最低的話，那就要先了解壓力究竟是甚麼東西。

　　逆向看來，壓力就如以下四個狀態：

1. 當不是站在實地上時
2. 當凌空未着地時
3. 當擺出姿勢時
4. 當有要求時

　　在一般情況，我們面對壓力時，少不免會感到無助或難受，亦有些人會四處閃避，希望能避開，不用與壓力正面交鋒；也有些人無處可逃的情況下，唯有硬啃，就如吃了一球「波餅」一樣，正面迎擊；當然

亦有些人會情緒失落，甚至沮喪，猶如生意失敗，或失戀一樣，灰心失意地跟壓力說再見，然後與自己想達成的目標背道而馳。但有些人知道壓力快來臨時，卻興奮莫名，那究竟是甚麼一回事呢？

要化解壓力帶來的負面影響，我們首先要知道究竟壓力是逆來還是順來的。我們很多時候會相信，要完成一件任務，沒可能無風無浪，就能到達彼岸，總會有些對著幹的逆力量，令進行任務有阻滯。不是從後拉著，便是在前面諸多阻撓，這種我們預期必會出現的壓力，便是順來的，也是整件任務的套餐內包含的困難。而逆來的壓力卻是我們在進行任務時預料不到的燙手山芋，往往令任務不似預期，很多時候都是我們忽略或遺漏的棘手問題，而且它們最喜歡從後突擊，偶一不留神，任務便泡湯。但若然我們明白了，知道了，便能將壓力轉化成為推動力。

以逆向思維對壓力的認知，其實它可能只是從四方八面湧來的，不請自來的，凱旋歸來的，愛上你而沖着你而來的，當然最無辜的是當事人咎由自取來的。

當心無掛礙時無事不安，平凡的安寧便無事不順。

與其認命，不如順其自然，人生才不致於委屈求存。

那如果壓力逆來時，我們又該如何自處，才能反得其適呢？面對壓力，不妨可以試試用禮讓來取代閃避，用欣賞來取代面對，用同情來取代無助，用鼓勵來取代沮喪，用品嚐來取代硬啃。畢竟壓力本身，也有其壓力所在，它可能都是反其道而行之，才能不被自身所困，在逆境中我們可以行使一種上天賦予的權利，就是「可以」。

原來逆來「可以」順受的，「可以」是一種權利，一種全由你決定選擇要不要的權利，你可曾有行使過它呢？在壓力中找一個嶄新角度，令它無疾而終。

現在就讓壓力也感受一下受壓的滋味，叫壓力不好過，給自己嘗試順過一次逆境，在逆順之間，無往而不利，好嗎？

做自己

昨天在網絡上，有一位朋友説及這個主題 ——
「做自己」跟「做人」的差異，我很喜歡。

對我而言，前者是以忠於自己為主體，以自己生
存的權利為首要出發點，「做自己」是真我的表現，
自我得來亦可以彰顯個人風格和品味，是 Signature
自己的一種表現模式。

而後者則是以忠於人道為主體，以人的生命觀、
道德及群眾生存利益着想，以思維與行為結合展露，
「做人」是大我的表現，犧牲自我之餘也不損自己的
個人品格與德行，合乎道德與人道所認同的價值，在
世界的圈子裏廣為人所包容和接納。

「做自己」的尺度標準往往源於自己的衡量，不
需要尋求第三者的認同和支援，對自己誠實和忠心，
不勉強自己作不合乎自我價值的事，這是做人所渴望

的最高層次，因為當做自己的標準已與大同世界的做人標準達至近化或同化時，「做人」就相等於「做自己」了。

「做人」，很時常存在很多不同的標準，因理解的不同，都會落至互相誤會的結局。你認為做得像一個人時，別人卻往往說你在做戲，甚至乎自私自利，說你打着「做人」的旗號，實際上是在「做自己」。

以我愚見，不要想得太複雜，只要凡事在處理前，先行以易地而處的感受去想想，你所作的處理是否恰當及可行，然後再考慮有否違背自己的價值觀和道德觀念，兩關都通過了，然後才作出處理，那就「做甚麼」都不是問題了。

容許自己退一步，人生不會有絕路。除非自己甘願上，否則沒人能逼到。

得能莫忘本

1985 年，我與一起共事的夥伴，在尖沙咀麼地道 Holiday Inn Golden Miles 地庫的 Another World Disco 一起追夢。

在這裏，我認識了我的師父 Winnie WS Yuen，她幫我的忙，銘記在心，無時或忘。

在這裏，我與很多歌手及藝人、唱片公司要員合作無間，舉辦過不少與音樂及電影有關的宣傳活動，其中令我印象深刻的，就是張學友贏了比賽後的歌曲《交叉算了》及《Smile Again 瑪利亞》（張學友之夜），和「哥哥」張國榮的《不羈的風》唱片宣傳，還有許冠傑的《最緊要好玩》唱片宣傳和 Kenny Bee 的《淚之旅》及《香腸蚊帳機關槍》的宣傳活動等等。

在 Another Disco 工作的日子，衷心感激老闆蔡生（Mr. George Tsai）給予的機會，和師父 Winnie

對萬事萬物心懷感恩生活的人，理所當然會注意到看不見的出口。

WS Yuen 的教導，還有一起給我很多支援的好朋友，我還記得與當時「寶麗金唱片」的 Andy Wong 在金鐘廊 American Cafe 開會商討張學友的宣傳活動，和當年與「華星唱片公司」的宣傳大員 Marina 和哥哥張國榮在尖沙咀麗晶酒店的咖啡店開會討論《為妳鍾情》大碟宣傳活動的情境，會後哥哥還駕着新落地的 Benz 450SL 開蓬跑車載我回銅鑼灣。一切回憶，歷歷在目！

過去，是成長的寶貴養分，得能莫忘，方得始終！

感恩沿途有你們每一位！

無常的生命最好過

「生命的去留，真正沒有一點道理。」來自台灣作家胡晴舫的《我這一代人》裏的一句話。

她教懂我一件事，就是單單依靠着道理，是不足以生存的。生命的途中，還需要一點不合常理的事情，才會讓我們明白到，生命是無常的東西。

她說生命，要酷的。不要害怕它複雜，正因如此，方能精彩，花樣的、深沉的，都令人出乎意表。同時，她也建議我們要專心去活，生命本身是自己存在的目的。

看過她對舊台灣，演進到今天的新台灣的描述，令我深深感受到每個時代的變化和演進。上一代的人都犧牲了，犧牲了整代人的優雅，執意地要送給我們這一代人的禮物：一個真正的現代性。這種程式，週而復始地發生。

隨心而喜，隨緣而逝，無常便是福。

無常是生命的原始形態，也是一種不能控制的秩序，亦是人不可不面對的不知所措。

在生命裏，我們常常都有很多計劃，不同時代的，不同環境的，更甚之，就是關乎第三者的生命。我們偶爾也充當計劃師，替別人計劃生命。我有時想，這樣有點可笑。其實，上一代嘗試挑戰權威，發動後又來反對戰爭、搞革命、拆遷語言、毀壞傳統、打垮道德。

後來我們繼承了這個被徹底瓦解的世界，演變為現今的世界，資訊泛濫、混亂無序，無法一眼辨識到動機所在，完全是已經不可信賴了。懷疑是正常的精神狀態，「顛覆」是重複朗讀至幾近濫用的字眼。這一切導致人與人的交往，不要依賴、不能相信、不想崇拜，因為四周只剩下扯掉虛偽外表的政治語言，和人類不復刻意掩飾的赤裸慾望。

今天，我們活在一個電子化的人造幻境的世界裏，不再是那個真理品種非常單一的年代。縱使如此，生命中仍有很多不能解釋的問題，又可以這樣說，世上沒有答案是永遠正確無誤的。

因為今天的世界，已經複雜到無法用一個正確答案，令所有人滿足和快樂。

這個世代的年輕人，已經不會在平安夜將一隻襪子懸掛在牀頭，然後一早入睡，渴望明早起來看到聖誕老人將禮物放到他們的襪子裏。

他們今天不會這樣去慶祝節日，這也並不是因為他們不相信這種傳統或真理，而是他們正在追求世界上存有一種以上不同的真理或傳統，又或者是，根本沒有真理或甚麼傳統。

世世代代，很多人都在別人的期望裏成長，以為這樣生命就會活得正常。在成為自己的同時，也渴望成為別人生命中的一部分，或主要部分。其實，個體與個體之間不純然只擁有共識，結合的基礎乃是最普世的價值觀，如人權、平等。

每個人容許以自身為目的，由自己活出的生命來定義自己，如世界知名社會學家 Daniel Bell 的一句著

無常是不合作的平常，也有自己規律的生存方式，亦是人渴望得以洞悉的過程。

名説話：「我是我，我從自身出發，藉選擇與行動，我塑造了自己。」

個人的生命狀態，不全然受他人支配，亦未必有需要與社群生活有關，因為每個人的小宇宙裏，都有他自己選擇信仰的真理，和喜歡的傳統。

因此，我認為，最正常的生命，要有無常的期盼，和平常心的人生觀，這樣才可以以純淨、和諧、安寧、穩定、享受的狀態，活在這世界，叫生命好過！

間中有時

時間，對人來說，極其重要，因為生命的長短，是以此為量度單位的，幾年、幾月、幾多歲……都跟時間拉上了關係。

但很有趣，常常聽見很多人在說「我沒時間」甚麼甚麼的。他們不是已在既定的生命裏，存活了時間的儲備嗎？為何仍然在說我沒時間幹這幹那？

時間的使用，我們都習慣了任性而為，喜歡怎樣花就怎樣花，最好的莫過於與現實、金錢或成就等東西扣上聯繫。所以，我們又聽見了有人說誰在這行業有廿多年的年資，經驗豐富，又或誰說自己花了畢生光陰研究甚麼新發明，貢獻社群等等可歌可泣的表白。

他們錯以為時間就是成就的同義詞，時間放得多了，就可以有豐功偉績。

歲月留人處，不着跡時間，只存活於回憶裏，你記得多少，歲月，就有多少。

第二部分
實踐逆向思維

時間，如流水般單向消逝，不曾為半點落花下留痕跡。

於我而言，時間不是屬於我們的，生命裏的時間更甚之，我們只是在這生租回來使用的，用甚麼來償還？就是用生命中作過的事和貢獻來抵銷這張欠單。時間是無價的，因此我們的作為也是，非能用三兩言辭便能定義或評論。

時間與時間之「間」，有一道縫隙，我就稱它為「間」吧。我們偶爾犯上的錯誤，又或是作了令他人受到傷害的事，都往往是在這個「間」的時空裏，作的好事。

所以，我們都會說，做錯事、做壞事、做不好的事……都是「間中有時」。

幹練溫柔

誰都知道，生命是有時限的，柔弱的生命可以在喘息間結束，但它可以在短短的時限裏，磨練出頑強的意志，和懾人的生命力。

在溫柔的生命期裏，不應被單單一種元素所支配着。生命應該是一盤被弄瀉的七色調盤，繽紛亂套地灑在歲月線上，多姿多采的。

要在這溫柔體上塗鴉，最好的態度就是實幹地演練，不浮誇、不囂張、不造作地投入去塗，毫無保留地抱抱這份溫柔，令它成長、成熟。

幹練，是詮釋生命最不浪費的方式，也可令已知的溫柔，流露硬朗的美態。

溫柔的威力，不弱於強悍，它能使剛烈沒發揮餘地。

活着是為了發現，發現人生的價值，和對別人生命的貢獻。

"

價值在生命以外

我偶爾會去想，生命的價值，究竟在哪裏？

我的體會是，其不在本身，而是在其以外。這樣，才能找得着其價值所在。

如果，生命本身不能在其以外創造價值，這段生命的歷程會很糟糕，因為它只會孤獨終老，自活而終。

要是能與其他的個體生命聯繫起來，發揮宇宙共融鳴和的效應，與萬有引力的磁場達到平衡，成為整個生命體空間，才能衍生一段又一段的奇蹟。

環觀四周，細閱古今中外的歷史，很多對某段生命的讚譽，都是在其生命完結後才被表揚、認同。除此以外，很多有關生命價值的肯定，都是在其對他人或世界的貢獻和付出，別人因為藉着你生命的建樹，

而獲益、得到幫助。當中的生命實體，已轉移到別人的生命上，化為一股能量，一種優勢，令別人的生命散發着迷人的魅力。

在我任職的公司，有一位同事，其生命的價值，令我對生命的看法有了不一樣的體會。這位同事今天已經離開了這個世界，移居天堂了。我還記得她加入公司的時候，剛好 18 歲，這麼年輕就加入前線營銷的事業發展，實在不是一件容易的事情。

她因為年輕，人脈薄弱，只好靠幾分傻勁，加上好看的臉蛋五官，展開她的陌生人市場業務。當然，在這樣的個人條件下，起步是艱巨的。

在她任職的短短六年之間，她自知閱歷不夠，所以非常努力學習，只要是公司內有甚麼課程推出，或產品銷售精讀班，她都無一遺漏地去上課，學以致用，然後在市場上一邊練習一邊實戰，對於作為師兄的我，感覺她真的是如履薄冰。

一個人的價值，在於影響力，沒有影響力的人，便無可值。

　　她在六年光景裏，業績説不上是飛黃騰達，但總算每年都能獲點小獎。她在離開前兩年多的時候，經醫生診斷證實患上婦科生殖系統的癌症，二十來歲就要將整個生殖器官切除，然後再做化療及電療之類的治療。試問一個二十來歲的年輕少艾，要面對這麼沉重的經歷，是怎樣的體驗呢？相信每一位看官，都會感覺不是味兒吧！她在當中的堅毅意志和勇敢面對自己問題的能耐，非筆墨可以形容的。

　　雖然她身患重病，公司也勸她多點休息，好讓身體有足夠的能力配合治療，等待康復。但在她的心裏有一個想法，就是不想因為自己健康的因素，而拉低了公司的活動比率。而且，她一向將客戶服務和事業都看得很重，所以在她留在醫院病房的時間，仍不忘跟客戶保持聯繫，跟進大大小小的服務，當然中間有一些需要身體力行的，就拜託同組的師兄師姊幫忙。

　　我曾問過她，為何不好好休息，調理好自己身體後再戰鬥，她的回應令我更為感動，她説人家將一生的安危寄託在自己手上，絕不能因為自己個人的原因而忘記對他人的承諾，人生存在的價值不在於自己要

得到甚麼，而是要讓給你機會的人獲得甚麼，這就是一個人生命的價值，而這價值往往是在生命以外，才能體現出來。

　　這一番説話，如雷擊頂，震撼心靈。我在這位已不在人世的小師妹的生命中，明白了一種超脱的人生意義，就是我們來到這個世界，並不是要別人來待奉我們，而是乃役於人，為其他生命作工。朋友，今天你處身的崗位，或擔當的角色，對於人生價值這東西，可有體會嗎？

一個人對另一個人來說，最大的價值，莫過於幫上一個大麻煩。

掇文集 ·抒情篇·

孤獨，是享受寂寞的最高境界，靈性修為接近無瑕。

是夜寧靜但不寂寞

我喜歡夜晚，因為地球上有一大部分人都在休息了，但仍然有一些人在享受夜空的寧靜，看星看月看霓虹，獨個兒沉醉在寂靜的氛圍裏，片刻的世界，彷彿只有一個人的浪漫。

是夜，對我來說，心情也份外平靜！出席完一個關於微電影的活動，觀賞過超過十位年輕新導演執導的音樂微電影，當中的主角都是由新一代歌手來演繹。有兩齣我是很喜歡的，就是《年輕的心跳》和《專業分手員》，前者說父子親情，後者說自作自受，各有吸引之處，很得我的好感。

懷着這份好心情去過這夜的時光，感覺很充實，平靜得來毫不寂寞，因為記憶裏有很多畫面與聲音存在，可讓我在這個晚上，騁馳思維的高速上，沒燈號喊停。

原來寂寞不是來自寧靜，寧靜反而令我們的觸覺和感應力大大提高了，對記憶裏的東西看得更清晰和易於感動，感動了，便寂寞不來了。

在寧靜裏接收訊息，感受會特別深，因為你可以把思緒聚焦於訊息之中，擴展出其他的可能性，實現「意想不到」的生活體驗。

試問「寂寞」還有能耐等着你回到這種體驗、這個課題上嗎？它急不及待跑遠了，留下來的，就只有寧靜的血液，流過你的身體，暢通神經。

或許寂寞並不可怕，可怕的是不甘於寂寞。

寂寞的智慧是糊塗

　　某夜晚飯後，在回家的路上，又回想起我在 1993 年，曾寫過的兩句說話：「閒到白頭真是拙，醉逢青眼不知狂。」這都是以我的經歷、體驗、感動與憂愁寫出來的。

　　我喜歡寂寞，因為它很忠誠，從不會背叛我，從一而終地陪着我，我的思想去到哪裏，它總是在旁告訴我，一個人的時候多好多美。

　　我享受寂寞，因為它會全心侍奉着我，不會分心。我要它有多寧靜，它可以比我想像的更寧靜；我要它有多喧鬧，它也可以陪着我喧鬧達旦。旁若無人地叫寂寞的靈魂現身，植入想法，天馬行空，無處不能往，無事不能為，無思不能想，無我不能自己地，看通世界的虛實。

　　智慧，原來大抵也不過是如此而已。

　　說到尾，人一生，最難得的，原來是糊塗。寂寞時，更甚！

暖和煦陽

颱風過後，豔陽又高掛。今天四處都是陽光普照的，暖和的空氣令人感到夏日正在向我們招手。往外面走走，總較留在斗室裏有意思。

今天有一對夫婦（兩位都是我要好的朋友），從上海回來度假。我接過他們後，朋友問我可否開車往遠一點，去可以看到海的地方，來一頓下午茶。我沒有回應便踏下油門，向着西貢出發了。

真想不到，約五天前，還風搖雨擺地高掛十號風球的西貢，今天卻晴空萬里、風和日麗。

我們來到由西貢原居民主理的龍船餐廳坐下來，叫了數份下午茶套餐，有講有笑。因為朋友喜歡看海，我便讓他坐在面對海的位置，邊說笑時又可以偶爾看看海，多寫意。

世上沒有許多陌生人，只有未曾結識的朋友。

　　離開餐廳後，我們沿着海岸線的行人徑散步，談談他們在上海的近況，男方講及他公司的架構大改組，連名字也改了；女方則將身邊朋友的個案説出來彼此研究研究，行近碼頭旁，還留下倩影，拍了照，留點記念。

　　看看腕錶上的時間，也差不多要送他們回去了，沿路的婆娑樹影，還穿透着煦陽的光線，映射着我們的歸途。

藉着落葉說說雨

今天在收音機裏傳來王力宏的聲音，他正出席一節目的訪問，主持人問他現在如何創作自己的音樂，他回道：「現在創作音樂時已經很少使用樂器了，在腦海內、在夢境裏、在感覺入面已可以完成作品，很真實、很優美、很有詩意、很感動的⋯⋯」

主持人聽了之後，反應嘩然：「是真的嗎？」然後，主持人便播放了王力宏數年前一首我很喜愛的作品《落葉歸根》，聽着這歌，看着車窗外的雨點，感到生命很優雅和諧和。

然而，雨點要來的時候，總是一點一滴的，溫柔的碰觸，是想跟你打揖：「您今天心情好嗎？」它的清澈在玻璃上，總是柔弱地倚臥着，不經意地朦朧了你的視線，讓你看出世界的閒美！

風雨招搖雲端唱，心裏陽光不沾塵。

每滴雨點，都有它的生命，短暫而剔透，它給空氣做完了一節按摩後，便伏卧在不同的表面上，給予滋潤和洗滌，然後由空氣靜靜地帶走生命，活不太久，便要告別了。也許我們看了它折射出來的朦朧，卻沒有欣賞到它如水晶球般帶來的魚鏡面影像，那是多麼的有別於世界的真實，可惜的是，太短暫了。

藉着王力宏的《落葉歸根》，遇上綿綿不絕的雨點，讓我享受了個多小時的閒逸，觀賞生命的自然而然，美而優雅的隨意。

舒泰過後，又要踏上生活的征途，在雨點的陪同下，走進都市。

"

拟文集

・哲理篇・

夢想的價值，是成就你的強，然後將它變成真。

無中生有

　　活在大千世界，很多事物似有還無，看到的與感受到的，可以全然兩不像樣。有信仰的朋友或會這樣認為，神是萬有的主，這世界是祂創造的；然而無神論者，則眾說紛芸；有些科學家，則相信宇宙間的一切生物，都是由單細胞核分裂而慢慢演進出來的。

　　這一切想法或看法，我沒有太大的興趣去探討，反而，當中我卻感到有一種神奇的意念，點着了我的思緒，忽發其想地有了這個主題 ── 無中生有。

　　當虛無是僅有的時候，僅有就是萬有了，使它成真卻是唯一出路。活在宇宙間的一小角落，我們自成方圓，訂規立矩，寫法定律。一切一切的事物，都是從沒有到出現，呈現我們眼前。

　　今天，要認識世界，可以不用身體力行了。透過網絡連線、電視影像、各式各樣的媒體，我們都可接

收到想要的資訊，可以說是「足不出戶，便能知天下事」。這句古語，今天可算是像話很多。

在學習當中，就是要學懂一種變無為有的能耐。使無關係的，變成有關係的，除了心思和意欲外，還要略懂一些「無中生有」的技倆。就像已故巨星李小龍先生的一句名言：「以無限為有限，以無法為有法。」便是學問所在了。

現今人浮於事，要創造自身的價值，必然要身懷幾道「無中生有」的絕技，否則遇敵當前時，不能化腐朽為神奇的話，我們便成就了他人的法術，有變了無了！

凡事有代價，哪怕是真假。

發現水的特質

　　人來到地球之前，它已經出現了，而且還佔據了大比數的空間。今天，無論我們去到哪裏，它必定圍繞在我們附近，正確點來說，是四周。它是水，水無常態，善變莫測。

　　如老子《道德經》第八章所言：「上善若水。水善利萬物而不爭，處眾人之所惡，故幾於道。居善地，心善淵，與善仁，言善信，政善治，事善能，動善時。夫唯不爭，故無尤。」

　　因此，若然以水的特質來做人，那會是甚麼模樣呢？

　　若做人如水，你高，我便退去，決不淹沒你的優點；若做人如水，你低，我便湧來，決不暴露你的缺陷；若做人如水，你動，我便隨行，決不忽略你的孤單；若做人如水，你熱，我便沸騰，決不妨礙你的

熱情；若做人如水，你冷，我便凝結，決不漠視你的
寒冷。

　　上善若水，從善如流；如水人生，隨緣而不從
眾，入世而不從俗。有一些人，總是能看到比自己優
秀的人，說明他正在往高處走。若你總是只能看到比
自己差的人，說明你正在走下坡的路。一個人的心裏
蘊存甚麼念頭，就會看到甚麼東西。人所看到的那個
東西，最後會變成他的現實。臨事須替別人想，論人
先將自己評。當脾氣來的時候，福氣就無疾而終地
走了！

　　一個人的優雅，關鍵在於控制自己的情緒。用
嘴巴傷人是最愚蠢的一種行為。一個能控制住不良情
緒的人，比一個能拿下一座城池的人更強大。我們花
了數年時間學說話，卻要再花上數十年的時間學會
閉嘴。

　　到最後，我才發現原來「說」，是一種能力；「不
說」，是一種智慧。

有心的人不用說，說多了心便虛無。

新聞也是一種生意

　　世界之大不缺人，有人就有事情，事情就是新聞的另一個身份，所以新聞也是不缺的。

　　但在新常態時代，辦新聞的人為了一線生機之餘，也為了獲得業界的認同和一些榮譽，在資訊泛濫成災的時代爭一朝夕，有時候可能會過了火位而自不知。

　　其實世界是一個循環系統，有一些人方便時，自不然就有一些人不方便。又或可以這樣說，那些不方便的人是讓出方便給更方便的人。同樣地，為了光環而濫用世界賦予專業新聞的自由和權力，扭盡六壬，為求達到目的，縱使說不上是不擇手段，也大抵上可以說是嘩眾取寵，語不驚人誓不罷休，詞不吸睛決不留手。

　　世代如此，真的事實賣不出好價錢，也換不來高價值，反而假得本末倒置，以虛弄實，創作假新聞包

裝成為偽事實，這才是賣得起價的生財材料。我們試想想，時下的人不是喜歡看負能量的東西多於正能量的消息嗎？有部分好的價值觀，都被質疑和批評得體無完膚，負面新聞當道，謠言不再是止於智者，而是三人成虎，成就了一批發大財的偽善領導者，一將功成萬骨枯，原來不只在古代的戰爭才看到，今天的世界各處也俯拾皆是。

其實人來到這個世界，逆向看來，是負面多於正面的，因為人生就是一場修練。上天給了你一段時間的生命，還有一個軀殼，由內到外，有一種底氣（Zen）給予各種髮膚器官能量，使我們有活着的能耐，但奈何我們活着總要找點「細藝」，才不會活得枯燥乏味。而說實話，總有一少撮人早點明白這個生存之道：只有感染他人思維，帶領他人走進自己的路途上，建立一個氛圍，創造一種能量，抗衡主流的普世價值，才可算得上是成功之道。所以我們今天沒有了常態，卻換來了新常態。

誰都知道，這世道傳媒力量最大，以前是一傳十，十傳百。但透過今天的網絡世界和資訊科技，我

未來的新聞就是時勢的指南針，你的方向又怎可以離經叛道呢？

可以大膽地說，簡直就是一傳萬，萬傳億，一發不可收拾，去到宇宙的盡頭。很多人問新聞何價，我會說今天它比世界任何產業都翻得更多倍，不是嗎？

今時今日，從事新聞工作的影響力，和變現力是相等的，一段具爭議性或震撼性的新聞，往往是一單獲利無比的生意。但這單生意之所以能做得成，皆因有人相信，有人參與，有人義無反顧地幫忙，因此造就了今天的一句經典說話：「一人一傳媒。」有部分人認為，只要你是人，即使沒有經過專業培訓，或擁有處理新聞的俠道精神標準或客觀分析能力，也可以為社會、為他人發聲，然後拍一張照片，寫一段文稿，就能賣個好價錢。

雖然我們不能阻止新常態的來臨，但我衷心期望新聞這社會產業能回歸正道，所有偽新聞和單純為了賣錢的新聞不是社會需要的。我們需要的，是一段又一段對客觀事實的陳述，不浮誇，不嘩眾取寵，不從眾的新聞。

畢竟賣錢不賣錢，並非新聞的核心價值。

散文集

·愛情篇·

愛是沒性的

今早有一位學員來訊，問可否來一篇逆向思維看性愛的文章，我說好的，讓我想想吧！未幾，我便出了這個題目了 ——《愛是沒性的》。

看過周星馳監導編的《西遊》的朋友，都應該沒有忘記由文章主演的陳玄奘說過的一些關於愛的對白（當然周生是藉文章的嘴巴道出他的愛的理念）。陳在電影裏說，他追求的是人世間的大愛，沒有分甚麼甚麼的愛，這種愛難道又有分性別的嗎？

其實生活了半個世紀，都經歷過不少不同類型的愛，當中有失意的、有喜悅的、有揮之不去的，也有留不住的。逆向看來，「愛」這種物質是單性的，跟人類的雙性來對比，它簡單得多。但可惜的是，不知道從那個世紀開始，人總喜歡將「性」與「愛」拉在一起，在「愛」的維度裏加添一種雜質，這種不是百分百純度的愛，就是人世間喻為三級的「性愛」了。

基於道德觀念和成熟標準的規範下，社會對「性愛」是有所避忌的，畢竟它跟單純的愛不同的地方，是它很容易觸及人際關係的底線，傷身自然少不了，如果在非情所願的情況下，更有可能觸犯法例，惹上麻煩。

　　因此當我們要高談闊論地說愛的時候，必然是人世間最美麗動人的「大愛」了，這一種愛超越血緣關係，不受階級觀念的枷鎖，還有不分男女老幼之間的距離，只要你願意，無論是付出的一方，或是接納的一方，都不會受到世道的譴責。

　　所以真正的愛是沒性可分的，無論落到誰的手上，它的面貌都是亮麗光澤的，都是悅人醉心的。

　　愛，不只是一種感觀，還是一種建立關係的恩物，它能化干戈為玉帛，化險為夷，化解恩怨和仇恨。只要「愛」一出口，誰都無任歡迎。

沒有心是虛，有心了是愛。

愛情永遠不會來得太晚

今早在從美國洛杉磯回程香港的航班上，欣賞了一齣以前錯過了的電影《最後相愛的日子》（Film Stars Don't Die in Liverpool）。故事講述一位黑白片時代的性感女星 Gloria Grahame 人生最後一段忘年戀故事。

28 歲的舞台劇演員 Peter Turner 跟年過半百的過氣女星談戀愛，這種愛情故事，在現實世界裏，隨時也可找上一千數百個大同小異的。因為愛情本身是沒有年齡限制和甚麼規則的，只要是兩情相悅，便可以開始了。

電影裏的女主角，因為罹患癌症，渴望在生命的尾段時間，再甜蜜地戀愛一次。有過四段婚姻的她，也分別替四位前夫每人誕下一位孩子，尤其是第四位前夫 Tony 更是她其中一位前夫的繼子。這說明了 Gloria 在星光熠熠的背後，是一位不斷追求愛

情滋潤的女人，喜歡活在被愛的氛圍。

一段又一段的戀愛，令她有能量活下去，縱使癌症纏身，仍時常笑臉迎人，樂觀面對病情。她跟 Peter 說：「你會否介意我在你身上拾回我的青春？」這一句對白，就說明了愛情不只沒有年齡限制，而且能使人有永恆的青春。

藉黃子華在與古巨基合作的歌曲《子華說》一談，歌詞中說男人喜歡愛情要新鮮，女人喜歡愛情要保鮮。但是在這齣電影裏，Gloria 和 Peter 的演繹卻剛好相反，男的重情重義，女的卻喜歡驚喜。

其實人世間的愛情，是否應該如電影中文譯名一樣，每一場戀愛都視作「最後相愛的日子」呢？這樣人世間便不會有這麼多分手的失戀故事了。一生人一次戀愛，是應該？還是過分？這就留待看官們去思考吧！

在這齣電影裏，除了愛情元素外，還有美國人最喜歡放入電影裏的家庭價值觀。縱使 Peter 有多尊重

第二部分
實踐逆向思維

愛情裏，沒有優點和缺點，只有交匯點。

愛是一個人，一生都在追求也追求不夠，不會厭棄的物質。

Gloria 原本的意向，不想知會她家人有關她患病的消息，但最終 Peter 都是無奈地致電她的家人，希望他們前來陪伴她人生最後的日子。

其實我們人生要追求的是甚麼呢？是事業？還是愛？抑或還有其他的呢？這齣電影，剛好給了我們一個反思的機會。

無論你的年齡有多大，尋找愛情永遠都不會來得太晚。

"

愛情是自然而然的

　　近日，給了一些意見予一位正在談戀愛的女性朋友，是有關她和她愛人的相處和維繫方式的，在此也和大家分享。

　　第一，不要因自己或對方的過去的事，而傷害到大家的現在和未來；

　　第二，如果情緒低落或軟弱時，切記，要找愛自己和自己愛的那個人傾訴，只有那個人聽你說話才是最安全、可靠和有效的，因為其他人，又或是一直對你很殷勤而你摸不清其動機的別人，他們或許會在這時候趁虛而入，佔你便宜或搞破壞，傷害你和戀人的愛情；

　　第三，你和愛自己與自己愛的那個人之間，要有一種牢不可破的信任，無論見到或見不到，知道不知道，真還是假，又或是假亦真時真亦假的時候，彼此

愛，是去給、去體會、是靜下來，不再孤獨徘徊。

都要信任對方，不要懷疑。縱使自己受騙了，都要明白和諒解對方是有其苦心的，因為懷疑或猜測，是愛情的癌細胞，一旦擴散了，怎樣醫治也是於事無補，因為愛情是受不起創傷和考驗的。

如果在這三點上，你不能做得好，那麼，你談愛情的限額，可能已經耗盡了，那就別再談戀愛。縱使對方真的很愛你，又或是你真的很愛對方，都會有很多機會在不必要的位置或空間裏，因多疑或猜忌、誤會或嫉妒、旁人的閒言舉動等等，令你們的愛情遭受到病毒感染，提早夭折，留下磨滅不了的陰影，影響你將來的愛情。

最後，奉勸一句，別在愛情中將自己無限放大，這會令對方喘不過氣、吃力，最終戀愛透支。

要記着，自然而然，便是戀愛的語言。

傷口種出愛

爭吵，可以說是每段愛情必然發生的情節，雙方或多或少都藉着爭吵去試探對方的底線，跨越得到的，愛便增進情更濃；否則，愛便在情路途中進退維谷，往返不自如，不能再走下去了。

當下的戀人們，都活在幸福之中，仍然存在盼望，盼望更神聖、更深刻的愛情會擦身而過，再為他或她的愛情，增添絢爛，然後絢爛歸於平淡，又再回到愛着自己的情人懷抱裏，既滿足地憩睡，但仍作夢。

其實，很多朋友都懂我。我不怕寂寞，只怕為誰努力得不夠。生活裏，多了一些時間，疼愛自己自然會活得浪漫，好好成全小小的心願，將從傷口裏種出來的愛，在文字裏開花，不求結果。沒有人陪伴的時候，也可以習慣，一個人逛唱片店，到書局「打書釘」，買一張戲票踏進黑黑的戲院，靜靜地被感動。

這樣的生活，和勇敢無關，只是剛好在人生最自由的時光，單着身子，栽種傷口裏的愛。

很多時，聽了些愛情故事，每每提升愛的層次，但這些都不能滿足我們對於愛的幻想，反而往往在血流如注的瞬間，我們才堅信愛情存在。難道在傷口裏……甚至在灑了鹽的傷口上，才能體驗出愛的份量？愛可溫柔，亦能堅韌，沒有傷過的愛情，或許是你最甜美的回憶，卻一定不是最刻骨銘心的印記。

只有埋在傷口的種子，才可種出鏗鏘亮麗的玫瑰。

當命中注定遇上情有獨鍾

2015 年 11 月 17 日的凌晨，我登上了飛往英國倫敦希斯路機場，然後再轉飛比利時布魯塞爾的航班。多年來，我從沒有到過這個國家，第一次前往，心情總是帶點興奮的感覺。由於是凌晨一點的時份，我也得先來睡一覺，醒來看看螢光幕上的飛行記錄，還有五個小時的航程，才抵達倫敦。在機上不想打開電腦工作，就找來了一齣沒看過的電影，消磨時間。可能是命中注定，就選了這齣由張皓執導，湯唯和廖凡主演的《命中注定》。

我一向都很喜歡看愛情小品的電影，尤其是與甚麼緣份、甚麼眾裏尋他千百度相關的類別。一位待嫁新娘方圓（湯唯飾）在 15 歲開始，就被兩位高人指點迷津，說她命中注定會嫁給一個叫宋昆明的男人，這個人卻一直沒有出現在她的生命裏。但到了與未婚夫謝偉即將結婚的當下，一個突如其來的電話，這個命中注定的名字「宋昆明」終於出現，當下的方圓像

瘋了一樣不惜遠赴意大利米蘭，尋找她命中注定的真命天子。

　　整齣電影，劇情當然不是發展得暢通無阻，她在米蘭拋錯了一次媚眼，便出現了一個對她情有獨鍾的男人馮大理（廖凡飾）。不說不知道，原來昆明和大理都是屬雲南省內的城市，這點心思，真虧編劇想得出這種緣份來。

　　在電影裏，有幾句對白了出現了兩次，情境卻不同：

　　方圓：「毋庸置疑，好的事情總會到來，當它來晚的時候，也不失為一種驚喜。」

　　馮大理：「你在找的那個命中注定的人叫甚麼名字啊？回頭我幫你打聽打聽，說不定我認識的呢！」

　　方圓：「馮大理。」

　　馮大理：「是那一個滿嘴大話的騙子嗎？」

方圓：「對，就是那個混蛋！」

馮大理：「我就是。」

以上的對話第一次發生在剛認識時，第二次發生在末段的彼此確認。看這齣電影，也實在看得窩心。我的逆向思維又在發酵，這種命中注定不其然令我想起多年前看過的一齣外語片《Serendipity》，中文可譯為《情有獨鍾》，又或是《一見鍾情》。兩齣電影不謀而合之處就是神推鬼拉的，將兩個毫不相干的人突如其來拉在一起，就像冥冥中注定的一對，不問原因，只因天意。

於我看來，《命中注定》一片中那位謝偉的舊同學宋昆明，其實是方圓姻緣最關鍵的月老，她被一個名字迷了十多年，最後鼓起勇氣去尋找素未謀面的終身伴侶，還要加兩場欺騙情感的劇情，最後因昆明換來了大理，整場佈局和伏線都鋪排得流暢自如，令人看得情緒滾動，真的想替方圓出一口氣，煎馮大理的皮，拆他的骨。

要與被愛永遠牽運第三者，中間總有一位或以上的主角，因為愛而受到莫大的創傷。

要獲得愛情，首先要相信愛，縱使受騙了，也是一廂情願的，與人無尤！

　　在電影中，讓我意會到，原來生命中的所謂命中注定，其重點不在於顯露出來的説明，而是背後孕育出來的機遇，畢竟人生都是變幻莫測的呢！所以，當我們下一次遇上某人的時候，就明白了命中注定的出發點在哪裏，目的就是要我們藉着這條引線，好讓我們真的在轉接間，找到情有獨鍾的歸宿。

　　除了人，還會有其他的命中注定，又或是情有獨鍾嗎？

撰文集

·個人篇·

活着不僅只是為了老去

日子一天天一年年地過，生日蛋糕上已經不知道該如何插放蠟燭了，但自己仍然有一種很微妙的感覺，感覺到自己還年輕，還沒老去。

轉眼之間，廿三年了。與鳳凰家族結伴了廿三個春天，實在有言不盡道不清的感情繫於心上，縈繞思緒。在一個通宵達旦的七小時裏，為鳳凰家族 40 週年紀念特刊進行編輯和文案工作，感受至深，實在是非能以寥寥數百字可以言喻由衷之情。幸好昔日有老闆給予的啟迪，時刻歷歷在目，一下筆，便不可收拾。

文字，果然真是了不起。老闆說：「做就真知。」四十年來，我們都做過不少大小事情，來見證這四個字的威力。還有「時間根本不存在，只有經歷」，這也是令鳳凰家族一次又一次創造奇蹟的神奇金句。而印象至深的一句「進展就是將不能變成可能」，正正就是鳳凰每五百年重生一次那不滅精神的精髓。

老闆常常以簡約的文字，道出充滿力量和激勵人心的智慧。他的目的就是要告訴我們，世上無難事，一切都是事在人為，這總比無事可為叫人活得精彩。活着不僅單單只是為了老去，生於憂患死於安樂，道出了活着的真義。

在我的回憶中，有過很多次與老闆單獨相處的時刻，還記得有一年適逢老闆生日。老闆告訴我，他很想家族的招募情況更上一層樓，提高區域招募士氣。因此後來我便用了老闆的中文名字「海帆」，寫了一組對聯送了給老闆。全句是「海運吐吞天，一語渡千帆」，喻意老闆的氣勢磅礴，一聲號令下，帶領着鳳凰家族千位領導向前邁進，同行創造經典的家族歷史。

還有一次，老闆告訴我，一個人可以做得好，但不能走得遠，所以我們在發展事業的歷程中，需要有夥伴同行，才能夠走得更遠。這也是鳳凰家族其中一個核心價值，與夥伴同行於天地間，見證生命的始終。

一個人的成功，若沒有另一個人願意犧牲，是不能成全的。

老闆，是您告訴我們，活着不僅只是為了老去，還有很多很多重要的事情去處理，一個人是很難做得好的，我們都需要找夥伴，攜手同行，延續鳳凰家族的文化與傳統。到今天，我發覺在這條漫長的同行路上，老闆，您原來一直都沒有離開過。而說實在的，在同行的人生旅途上，我們又怎能可以缺少您這一位夥伴呢？

老闆，我們愛您！直到永遠……永遠……更遠！

"

神的恩典令我蒙福

以下是一封我在 2016 年住院時寫給摯友的信，藉此感謝神在我生命中的一切作工與恩典。

Dear Friends,

衷心感激在這兩天送上慰問的好朋友，你們的正能量令我能樂觀面對自己的意外傷勢，雖然痛楚舒緩了一點，但右邊背部及右下腰位置疼痛的情況依然令我感到困擾，所以才決定到醫院入住兩天，檢查清楚究竟是甚麼一回事。

傍晚時分，主診醫生來到病房，向我說：「你啲檢查報告全部出晒喇！」內容如下：好消息是腎臟沒有撞傷，但發現尾龍骨第一節（L1）在向後跌倒時被撞傷而出現裂痕（Transverse Process Fracture），右下腰 Muscle Tissue 有拉傷撕裂的情況，現在裏面的肌肉發炎，再加上又發現有腎石，遲一點身體狀態較

善待自己身體，珍惜健康，這所肉身的房子，便能令你安居人生，不苟活了。

佳時就要碎腎石，因為最大的一粒比起輸尿管的管道還要大，萬一塞住了，那就麻煩了。

這一次撞傷的裂痕和肌肉拉傷，出院後還要做物理治療跟進，前者需時半年時間才會康復（傷口癒合），而後者則需要六個星期時間方能痊癒。

至於吃藥方面，除了要吃之前已經一直在吃的降膽固醇藥外，現在要加上鎮痛藥和消炎藥以消炎止痛，之後還要吃「脷底丸」，防止心臟積聚血塊，減低隨時中風的可能性。

出院後，我會首先約見骨科醫生，安排物理治療，治療腰背繃緊痛楚的問題。然後再約見心臟內科醫生，處理顫動性心率不正的問題。

人生，如我所說，患難之所以存在，是要叫我們最終生出盼望，而盼望不至於羞恥，因為神賜給我們聖靈，將祂的大愛澆灌在我們的心裏。

在這個年紀，發現這麼多的不適，我感到幸運，

至少我還可以有思想，繼續寫作，還發現原來有這麼多好朋友和知己着緊我的健康，送上温暖的慰問、關注和祝福，這一切都令我很感恩。感謝你們的愛護之餘，也感謝神的恩典一直與我同在，令我的生命蒙福不少。

最後，非常感激在這兩天照料我健康的梁基泰醫生。他是一位泌尿及腎內科專科醫生，其無微不至的專業態度，令我內心感到很平安。對於一位病人來説，健康以外，平安不可或缺。

> 活在幸福氛圍的人
> 黃思恩　感恩致謝
> 2016 年 2 月 23 日晚上
> 寫於九龍城法國醫院病房內

沒人能在生命完結後仍擁有身體，而健康是生命租借身體付的費用。

要過着有趣的人生，首先要找一位不一樣的朋友。

感動是一輩子的感恩

　　跟米雪和她的家人認識約有 25 載了，2019 年 5 月 17 日，我提前數天專程從香港飛到美國紐約，出席她人生兩件重要的事情。心裏帶着無限的祝福和期許，來見證她人生新的一頁。

　　米雪是家中的幼女，從小到大，我們的溝通頗不少，有很多情境還歷歷在目：帶她去剪頭髮，與陳媽媽到演藝學院欣賞她的畢業表演，某一年在陳爸爸東莞的大宅裏與她和兩位姐姐討論人生意義和分享與人溝通的技巧，還有她和陳媽媽替我慶生、吃晚飯，當然少不了過時過節跟她和家人在屯門晚飯聚會，每一幕情景，恍如昨天才發生的事情。

　　我還記得米雪介紹我認識她的真命天子，大約是在 9 年多前的一次教會崇拜聚會，她當日邀請我到屯門一間學校的禮堂出席崇拜聚會，在聚會中她告訴我，就是他了，他的名字叫 Gobi。

認識了 Gobi 後，方知道二人是在神的恩典下看到對方，然後成為戀人的。這可以説是神應許的事，確實是讓我們喜出望外，豐足一生。

今天來到美國紐約，首先是見證她學有所成，醉心於舞蹈治療專業理想的她，終於在美國紐約 Brooklyn 的 Pratt Institute 學府修讀碩士畢業了，5 月 20 日中午，我還特地乘坐地鐵，從 Jay St Metro Tech 車站到 34th Penn Station 親自選購一束如明媚陽光的鮮花，和印上祝賀畢業字眼的一頂帽子和一隻杯子，送給米雪，祝賀她學業有成，衷心希望她能藉着她所學懂的一切，實踐理想和造福人群。後來我更得知，米雪的畢業是囊括三色彩帶畢業的，這代表她以非常優異的成績畢業，相信這跟她做事的風格有關，凡事要麼不幹，一幹就是幹到最好，成就最好的自己，這一種 The Best & Real Me 精神，彷彿是她與生俱來的恩賜。

畢業典禮翌日，米雪正式踏入人生另一階段，由一個女孩子搖身一變，成為陳太，成為 Gobi 的終身伴侶。如她姐姐在婚禮中所説的祝福語中一加一等於

懂得放大伴侶的優點，總比放大自己的強項，來得更幸福和有力量維繫感情。

第二部分
實踐逆向思維

多少的比喻 —— 米雪和 Gobi 是兩個個性不同的兩口子，在婚姻的結合裏，一加一等於一，因為這個一是一個家庭的夫婦關係，緊扣而不可分割的；然後一加一又等於二，因為二人雖然結合了，但二人應該仍然有各自的私人空間，這帶出兩個不同的人走在一起，要互相尊重和疼愛對方、包容和守護對方；再然後一加一又等於三，因為二人之間必須要有神的存在，活在神的恩典下，建立幸福美滿的家庭；最後是一加一等於無限，因為二人的結合，有無限多的親戚朋友都因二人的結合走在一起，為他們送上祝福。

在婚禮上，賓客來自四方，有自香港和廣州來的雙方家人親友，也有從澳洲來的兩位姐姐和朋友，還有米雪在演藝學院時學習舞蹈的香港舞蹈家王廷琳（Andy）老師，及由 Andy 老師一手創辦的 Dancing Angels 團體中的多位成員好友，當然少不了米雪在美國修讀舞蹈治療的老師和同學們。賓客濟濟一堂，一同見證一對新人說出誓詞的時刻，非常感動。

在婚禮饗宴過程中，除了姐姐 Amy 的祝福語外，還有陳媽媽以英語向在場賓客致謝，然後清唱

《甜蜜蜜》送給一對新人作為祝福禮物，全場還拍手打拍子伴和，非常温馨感人。然後一對新人又邀請了Andy 老師分享及送上祝福語，作為米雪在舞蹈上的啟蒙老師，他分享的感言當然非常重要，透過舞蹈，老師與學生的感情恍如家人般親切。老師除了道出米雪的個性特徵外，還給一對新人送上深情的祝福，期望他們幸福快樂，做真正的自己。

在陳爸爸的鼓勵下，我當然也站了出來，分享了一些感言和送上祝福。在我眼中的米雪，是一位自我要求很高的年輕人，我所說的是她對自己本身的待人接物、處事水平，都非常嚴謹和認真，加上她那份堅毅不屈的精神，凡事交到她手上，她都會給你做到 200 分。再者，她在信仰上的堅定也是她成功的關鍵，遇上困難的時候，她會謙卑地將事情擺上交託給神，在禱告中獲得神的旨意，一步一步地排除萬難。雖然她有時候有點性急，情緒起伏較大，但慶幸神安排了 Gobi 和一班志同道合的知己在她身旁，減低了她犯錯的機會率。

令人感到温暖而喜悦的事情，轉眼已成為回憶，

婚是一種關係的緣份，婚是這種緣份的連合。

第二部分
實踐逆向思維

淌進腦海中的汪洋，好讓每一位出席過的賓客在未
來的歲月裏，偶然會在蕩漾的思緒中想起一對新人的
喜悅。

　　還有在兩天的婚禮流程中，協助籌備的大家都
二話不説，務求做到最好，替一對新人留下美好感人
的回憶，這可以得見的一份感動，實在是一輩子的
感恩。

　　最後，忘了分享在 5 月 17 日當天甫抵步美國紐
約，我便隨即趕往 Brooklyn 的 Target Margin Theater
觀賞米雪有份參演的畢業作品《I'm prisoned 囹》。
對於這個項目，可以看出米雪是一位觸覺敏鋭和有使
命感的舞蹈界明日之星，她擁有很高的洞察力和闡釋
能力。當然，今天的她在言詞和身體語言上的表達能
力，已經是極具經驗和智慧的了。擁有這一種特質的
人，對世界絕對能帶來更多驚喜和有價值的貢獻，我
懇切地期待在不久的將來，我所認識的米雪妹妹，藉
着過往一切的感動，能轉化成一輩子的感恩，造福
世界。

婚姻在緣份的層次裏，是唯一不可以替代，只有對方才是彼此生命的全部。

"

米雪，你說過在別人眼中，Gobi 有你是他的幸運，但在你自己的心裏，你卻認為自己有 Gobi，才是你一輩子的幸運。

祝福你倆一輩子幸福快樂，主佑平安！

你口裏常常直呼我名字的哥哥

恩仔　字

2019 年 5 月 20-21 日

美國紐約 Brooklyn

朋友的聯繫，不在於見面，而在於思念。

擬文集

沒有買保險的人，就等於生命裏少了一個神，祂就是守護神。

不要讓保單遠離你

　　無論社會如何進步，總是會有一些「衛道之士」堅決不購買保險，去保障自己或家人。當中最大的原因是沒有需要，其次就是覺得這樣很不吉利。

　　但無論那些人士怎樣不買保險，保險業市場依然一支獨秀，跑贏很多行業，持續凌厲的增長率。每一班新晉課程總是坐無虛席，爆得滿滿的。

　　其實今天要說保險，已經不需要從甚麼利益與保障範圍啟齒了。因為活在今天的社會，沒有一份半份保單傍身，真是對不起周遭疼你的人。

　　我們試想想，如果你出了事，卻沒朋友能出手營救，這情境不是跟沒有保險可以獲得理賠的無助相近嗎？一張保單，就如一位要好的朋友，它在你出了事後，義無反顧地伸出援手，消災解厄，助你過渡。

如果你厭棄這份心意，認為保險服務只不過是商場上的爾虞我詐的話，那麼你可以轉換一下角色，來扮演一位真心真意的保險從業員，給真正賣保險的人一點顏色，讓他們知道一位客戶，究竟需要的是甚麼，可以嗎？

我常常在想，今天仍然不買保險的人，其實是最適宜從事保險業發展的。原因很簡單，俗語有云「物極必反」，越不接受保險的原因，就是客戶越關注的地方。一個絕頂的抗拒投保的原因，會帶來一張頂級質素的保單。

說到投保這回事，又有一些客戶非常不珍惜生效中的保單，硬要在有生之年，不讓它好好陪着自己過活，為自己遮風擋雨。他們縱使把保單退了，也省不了多少，未幾，後悔了，卻回不了當初。

其實人生在世，除了親情、友情、人情，與情感、情愛隨身之外，多一張保單守在身旁，也不是一件活得揮霍的事情。想想在生病前、意外前、離開前，不讓保單遠離你，不也算是一種維繫關係的恩情嗎？

即使不買保險，你又可以在有事發生之前，先儲下多少錢呢？

保險和呼吸一樣，有生之年，都不能沒有它。"

心安理得

　　某夜凌晨三時許，我又來到九龍城的法國醫院，因為一位要好的客戶朋友胸口感到非常不適，可能是心臟血管的問題，所以不由分說就趕到醫院來，陪同他見醫生，了解病情之後，看看有否需要留院治療或徹底檢查。

　　從事保險工作廿四年，這份渴望每一位客戶朋友身體健康的心願，依然每天抱持着。

　　但世事又何曾這麼如願？隨着年齡的增長，身體少不免會起變化，要是身體在子夜時分作出投訴，又怎可以耽誤求診呢？

　　作為一位保險從業員，除了潔身自愛之外，還要時常以客戶的安危為首要服務的依歸，才能切實地實踐出保險的唯一價值，叫人心安理得！

衷心感謝凌晨四時許提供診治服務的鍾慈恩醫
生，和配合得宜的護士。對於不適的求診人士，緊扣
相連的服務環非常重要，缺一不可。

在這服務環當中，我能做的，就只是送上幾句慰
問，和陪伴在旁的精神支持，還有向神禱告，祈求祂
保守他的健康，主佑他的平安！

一個保險人最大的喜樂，並非簽下巨額業務，而是能與客戶以友好看待。

投保的重點並非在受保人，而是在受保人與受益人的關係上。

永恆的存在

曾經有位好朋友問我：「你在銷售保險的時候，究竟你是幫助那一位在生的人（即受益人）？抑或是幫助那一位不在生的人（即受保人）？」

聽後，我說：「很抱歉！一份保險並非我幫助這兩位的，而是這兩位幫助了他們家中的老幼，令家族在歷史中得着關顧，以及往後的世世代代，都會因着他們今天的投保，而影響深遠。」

保險客戶與從業員之間，常常處於一種很微妙的關係。有時，我們所知道關於客戶的身體狀況，往往遠超出他的至親或另一半所知道的。在旁人眼中，那位客戶好像給了從業員莫大的幫助，認為要不是得到這份支持，保險從業員都不知是否還能繼續發展下去。這種觀念，在今天的財策世代，應該要改變過來了。

不知道你曾否有過這樣的經驗呢？如果你所愛的人離你很近，你就會忘掉他們；當他們離得很遠，你就開始想念他們。離得越遠，想念更甚。投保人往往都是因着這個緣故，為自己投保。事實上，當一個人已經不在，他仍能真正跟身邊人在一起，讓身邊人切實地感覺到他，那才是真正的存在。一份保險的賠償，存在着一個這樣的訊息，就是驅使真正的存在變得永恆，讓身邊人在現實中仍感覺到他跟自己在一起，活得如他所願。

所以，作為一位從業員，不妨多些珍惜還在自己身旁的客戶和朋友，別太介意偶然的不愉快經歷又或是辛酸。因為，那都已成過去的了。長存在我心裏的，只有一份永恆的盼望，願每一位在自己身旁的客戶和朋友，都活得有熱誠和愛心，成為永恆的標記，藉着保險，讓後世延續這份永恆的美德。

保險，成就一人一生的責任之旅。

愛要有良心

　　曾幾何時，我聽過一位中年男士跟他的朋友說：「我給妻兒的照顧，真的對得起天地良心！」

　　話畢，那位朋友隨即回應道：「您對家人照顧有加，我深信您必定買了足夠的保險，不然的話，您又怎能在不濟或不在時，仍然可以照顧他們？」

　　中年男士聽後，一句話也說不出來，原因是他是位百份百的「保險瞎子」，不懂保險，亦不曾購買過任何保障。

　　試問天天身處於風險之中過活，連保險都不曾有過的人，又怎能在照顧至愛家人時，說着對得起天地良心的說話來呢？

　　男士口中的那種良心標準已經變了質，不可靠、不穩健、不安全。他們滿以為天不知、地不知，良

心就能發揮效用，替他們履行承諾，甚至承擔全部責任。

　　良心呀良心，若然真的有心，不妨良性一點來處理藏於心裏的願望，參與一份保障，讓摯愛的家人能在物質上也體驗您的愛。

不買保險的人，雖然與保險無緣，但並不代表他人生的風險比別人低。

我不信保險但卻信 MDRT

我曾經有過這樣的經驗，在與準客戶進行業務會談時，準客戶告訴我一個他對保險的看法。他說：「我從來都不信保險，但我信你們業界的 MDRT（Million Dollar Round Table，百萬圓桌會）……」

聽到後，我感到非常疑惑，MDRT 每天推介的財策服務中，保險佔了大比數，如果那位準客戶不信保險，又何解會信 MDRT 呢？

那位準客戶告訴我，他個人認為，保險業界有一些從業員只是為了賺錢，卻忘記了與時俱進，將學回來的東西和賺回來的資源，回饋社會及業界作出貢獻，更不會持續進步，令客戶獲得更優質的服務和更安心的感覺。他又續說，在一個行業做得好而又不願意多付出一點，為提升其服務層次做點事的從業員，他們又能夠在行業內維持多久呢？

準客戶又續道，他聽聞過 MDRT 有一個核心價值，叫做全人概念（Whole Person Concept），雖然他不太了解這是怎麼樣的人生工程，但他相信這是一個對客戶有益無害的觀念，或者可以説是人生觀。這絕對有助於一位從業員，對客戶服務水平保持高水準的基礎。

其實話説回來，作為一位 MDRT，不單只是僅僅符合業績上的要求，就是一位真正的 MDRT。MDRT 背後承擔着很多業績表現以外的人生學問，就如 MDRT 裏一句比較有名的 Vision Statement " To receive, individuals must give." 這就説明了一位 MDRT 應該要願意作無施的分享、和持續謙卑的學習、喜歡出席年會與全世界的新知舊友互相砥礪、共同進步。

今天，在很多客戶的眼中，他們都知道 MDRT 就是一個選擇財策顧問的衡量標準，因為他們選擇的，不單只是一張生效的保單，而且還有一位持續進步和懂得全人概念人生觀的好朋友。

保險是騙人的，若然騙不了你，那你便成功地騙了你關心的人。

保障早遇不好求

保險是生活的正能量，買的時候覺得沒用，要用的時候你是不會有而不去用的。

對於保險，我的信念極為堅定。甚至，可以這樣說：「保險，是我的信仰。」

在以往的日子，常有朋友打趣地問我：「如果，我一直想一直想，卻始終沒想到哪一個計劃是最好的話，那麼我該想到甚麼時候投保好呢？會否想到人老珠黃，好的計劃還未出現呢？」

若然到了人老珠黃的時候還在考慮，實在是何等無助，何等的徬徨。難道你還在呆呆地想嗎？

衷心地告訴你，再這樣想下去也是沒完沒了的！從我初遇理解保險的效用與美好的一面時，便被一種說法影響了我的觀點，他們說：「親戚朋友這麼多，只要有需求，一呼百應便可以，爭着要來幫忙的人數不勝數。」

然而，人生的氣候變化大，常會難以洞悉，你得有未卜先知的本領才行。同時，在人生的旅途上，沒有誰比誰順利，人人皆在探索和經歷。有人此刻風調雨順，有人就那刻苦不堪言。

談到懇求別人的幫忙，總不及遇上一位保險有心人，早點安排保障計劃來得湊效。始終，好的保障都是早遇而不好求的。

保險是一生的祝福

在我從事保險業逾四分一世紀的歲月裏，遇上與保險有關的個案，可謂成千上萬，無奇不有。但令我感到最驚歎的是，無論你怎樣投保，或是在甚麼時候投保，都不會是錯誤的。保險在任何時候，都是適宜不過的，因為保險就是一生的祝福。

作為一位 20 年 MDRT Honor Roll 會員，我已重複地做一件平凡的事，做了二十多年，但仍然日以繼夜地鼓勵他人投保。正如一位國際級的保險大師 Tony Gordon 說過：「保險又不是宗教或信仰，不一定要你相信才可以投保的……」他這兩句話語，確實點醒了很多還未相信保險的人，開始投保。

從事保險業多年，雖然拒絕的聲音不絕於耳，也不能倖免，但是我也聆聽到不少感謝的回應，還有客戶不時的祝福，這一切的工作體驗，都很溫暖，而且窩心，甚至乎有時候大家都眼泛淚光，流露出來的笑

容，是有溫度的、熾熱的。

我過去曾作為香港區其中一位 MCC（Membership Communications Committee），協助美國 MDRT 總會在香港推動會員活動和保持與會員溝通聯繫，一直想透過一己之力，作出丁點兒的貢獻，為行業創造更多價值，將 MDRT 全人概念（Whole Person Concept）推己及人，薪火傳承。

於我而言，多年來的保險生活已跟我血脈相連，每時每刻都能將保險的意義恩澤萬家。因為我相信，保險就是一生的祝福，說得越多的人，獲得的祝福也必豐盛，如甘露灌頂，加持之下，福澤綿延。

MDRTs，共勉之！

唯有透過購買人壽保險，以自己的生命作教材，才能啟迪後代這點智慧。

首屆百萬圓桌
全球會議 2019 的感召

人生中，有一樣東西會一去不返，而且到了人生某個階段，你更會感覺到它流逝的速度加快，往往在你不太察覺或魂魄稍有鬆懈的剎那，它已經就過去了。

還記起 2019 年 8 月 31 日擔心前往香港機場的交通及機場的路上會有狀況，所以提早半天前往機場，本想從將軍澳的家乘坐的士前往圓方的九龍機鐵站，轉乘機場快綫前往機場。怎知甫登上的士，司機告訴我前往圓方的時間可能跟直接前往機場的路程時間差不了多少，倒不如直接到機場。最後我在 50 分鐘以內抵達了機場，路上的暢通，是估計不到的呢！

辦理登機手續後，我便到美國運通的機場貴賓廊休息，等候登機。如以往一樣，我登機後一覺睡至於

澳洲悉尼抵埗。我很久未試過如此熟睡九小時，精神也為之一振，吃過機上的早餐便下機。

是次來澳洲出席首屆百萬圓桌全球會議 2019，很像有一種莫名其妙的感召，腦海裏常常出現一句説話，就是：「第一次的全球會議，你怎能缺席呢！」事實上，當時還要將我的「逆向思維」帶進這次會議當中，原因是在我於數年前建議給 MDRT 的 Ideas Bar 公開演説，擔任分享嘉賓。這一個歷史性的時刻，實在不能錯過呢！

在是次全球會議上，除了擔任分享嘉賓外，還答允了兩位 MDRT 會員 Kobus 和 Stephen 參與志願工（PGA），在主場會議會場內做人流管理的職務（Main Platform Traffic）。那時還跟來自貴州的會員王總及他的 MDRT 團隊合作，也和同一公司的會員同事 Liman 與來自菲律賓的會員 Janet 合作無間，愉快的感覺和體驗，不能言喻！

在會議上，除了學習，也不得不説説自己的逆向思維分享環節。今次我的主題是「保險唔買得唔

做不到是結果，邊做邊學邊做是進步，參透是消化。

得」，英文譯作 "Insurance of Reverse Thinking: To Buy or Not To Buy"。我全程以地道廣東話作分享，令我感到興奮的是，來聆聽我分享的人數，比我預期中還要踴躍，有一些來自新加坡、馬來西亞、國內及印尼的會員，也來聽廣東話的分享，當然還有來自香港及澳門的會員，不同公司、不同地域的會員共聚一起學習，非常感恩！說回在主場會議上，聽了當屆主席 Regina 分享她的個人故事，感人之餘，還感受到一個人照顧四位子女成人成材實屬不易，還有她自強不息的精神和不懈的努力，相信令每一位會員都明白到，人要成功是沒有捷徑的，困難的事情總會出現在人生路上，要跨越它們，勇氣是需要的。Regina，多謝你！

另外一位分享嘉賓 Kevin Brown，他讓我更清楚知道英雄的真正定義，真正的英雄必須有四種特質，首要的是做每件事情都應以他人利益為出發點，樂於幫助他人。其次是負責任，事情不到圓滿不離場。然後還有兩項就是時常保持樂觀的心態，和無限的正能量及感染力。我在心裏想一想，每位從事保險工作的會員不是好像都擁有這些特質嗎？保險，就是發揮英

跟任何人在一起的時候，都是學習的最佳時刻。

"

雄作用的東西，讓保險福澤萬家，世上的悲痛相信會不斷減少。

有一位主場分享嘉賓 Chris Helder，他在分享主題「有用的信念」時，令我最深刻的是當中一句說話：「積極的思考是一種感覺。」將它繼而化做有用的信念則是行動，沒有行動的信念原來是沒用的，只會浪費了思考的時間和能量。

三天的會議，又豈止這麼點好東西呢？不過限於篇幅，請容我在此擱筆。很感激不知哪裏來的感召，讓我在澳洲悉尼這三天收穫滿滿，遇上的人、遇過的事、聽過的分享、看過的一切，全部入心也入腦。下一步要做的，就是將它們徹徹底底實踐出來，突破自己過去做過的紀錄。

各位會員朋友，盼望再於未來的年會再見，又或者可以這樣說：「不見，不散。」

為自己投保，是生命無常的一份見證，一份還要人間的禮物。

從沒有看過兒子的爸爸

他，是我客戶群中投保生命最短的一位人壽保險客戶，投保時剛 30 歲，參加計劃未夠一年，便遇上交通意外去世了，留下新婚的太太和尚未出世的兒子。他的人壽保險賠償，令我看到了無助的家庭得以援救，更使我義無反顧地捍衛人壽保險不可取締的價值。

他是我一位客戶的親弟弟，我第一次會見他時，他剛剛新婚燕爾，太太是與他在國內同一工廠內工作的同事。我是由他的哥哥引薦，我也是在他的父母家裏會面洽談及簽署投保計劃。

初次會面，除了他腹大便便的太太外，屋內還有他的父母、妹妹跟妹夫，和他哥哥一家，好不熱鬧。經過多番探討和分析後，我們終於達成共識，在首次會談中促成了業務，他購買了人壽及意外保額各港幣一百萬元正，還有住院及手術、入息保障。他簽署文

件的一刻，臉上流露出來那個安然的笑容，到今天我還歷歷在目。

然後，就如常地過了九個月。有一天，我手機顯示他電話號碼的來電，我也如常地接聽。我還未來得及開口說出他的名字，話筒裏已傳來哭得嘶啞的聲音，我猜是他的太太打來的。憑我的經驗，知道應該是發生了甚麼不吉利的事情了。

我說：「阿嫂，發生甚麼事？」

她回答：「他……被巴士……撞倒，已經失去知覺了……」

聽後，我整個人都發呆了，甚麼話也說不出來，彼此的對話都靜止了片刻，只有她的飲泣聲在話筒裏縈繞。

之後，我便隨即動身與他的哥哥一起趕上龍崗的醫院。到埗後，他公司的好幾位管理層主管，和大老闆的兩位千金都在醫院手術室外的長廊裏徘徘徊徊，

神色凝重。我和他哥哥見到他的太太了，便了解他的意外經過，原來當時適逢放午飯的時間，他如常地自行駕着摩托車出來用膳，怎料剛駛出工廠大閘時，左旁有一輛大型公共巴士朝着他的車子撞過來，連人帶車推前了十多米，然後他隨車倒地，失去知覺，不省人事。

在龍崗的公家醫院內，昏昏暗暗的氛圍，令人實在不好過，我們在這裏逗留了一會，我便致電回香港公司賠償部先備案，及致電 AIAS 國際支援服務熱線尋求協助。同時他的哥哥向我提出，若然他在這情況下可以送返香港就醫治療的話，那就希望能早點安排。但經過我跟 AIAS 和當地醫生的了解和磋商後，得出的結論是情況並不樂觀。因為國內醫生認為他的腦部幹細胞已經完全受創，不適宜移動，只好倚靠儀器維持生命和心跳，而另一方的 AIAS 則認為個案太危險，不能接辦，推卻了我們的懇求。就這樣拉鋸着，我在龍崗的深切治療病房外已經逗留超過二十四小時了。

後來，我透過國內從事保險的同業幫忙，找來了

一家中港合作的醫療運送服務公司願意幫上這個忙，一程車直達香港的醫院，無需在黃崗口岸轉換車輛回港，費用為三萬六千元人民幣。公司另有要求和附加條件，就是我們必須找到一位香港的醫生願意接手他的跟進治療。另外，就是國內醫院醫生需接納其家屬的離院要求，這樣才能辦妥及準備相關出入境文件。在起行回港前，我找來香港著名的腦外科專科馮正輝醫生幫忙，我將傷者在龍崗醫院的一些受傷記錄和資料透過電郵及傳真發送回香港給馮醫生過目，然後馮醫生則在香港浸會醫院打點好一切入院收症安排，等待我們回來。

在行車途中，我們的心情非常沉重，因為國內醫生說過他隨時有死亡的危險，我們坐在那輛裝有醫療設備的車廂內，雙眼分分秒秒都沒有離開過儀器螢光幕的數據和心臟儀的跳動。終於順利回到香港，甫抵達浸會醫院，馮醫生已經在救護車的停車處等候着我們，這情境很叫我感動。一位醫生，原來跟我們從事保險工作的人一樣，當客戶面對生命的危險時，都會傾盡所能替客戶提供最貼心的服務。醫護人員將傷者移過牀架後，隨即將傷者送上浸會醫院的深切治療病

保險，保不了生命，但可讓一個人的願望，得以順利伸延下去，福澤後代。

房（ICU），沿途的護士都很配合。只可惜經過馮醫生的一輪檢查和診斷後，我這位客戶最終還是因為腦幹細胞死亡而被醫生正式宣佈離開了。

在這個案中，我有很大的體會。他太太最後的意願，就是如果他最後還是要離開的話，也希望他能在他出生的香港境內離開。這份有始亦有終的心願，背後還需要一筆龐大的費用支撐。雖然他離開了，看不到自己的兒子出生，不能與太太同偕白首，但他遺下的兩百萬港元賠償金額、他公司的補償金及國內交通意外第三者責任保險賠償金，頃刻間變成了愛，保守着這個家。

我相信，有人的地方，就有人會投保，有買保險的人，就有愛傳承人間。

當仁不讓、當愛不遺

某天中午，我到了伊麗莎白醫院的腎臟透析中心，陪一位病人到那裏洗腎，同時跟進一些醫療文件。雖然這位患腎衰竭疾病的朋友的住院保障並非由我所任職的保險公司所承保，但他是我其中一位客戶公司裏的一位員工。

我的客戶是該公司的老闆，他有天跟我說：「Henry，你可否幫幫我這位員工一個忙，協助他跟進政府醫院的醫療報告及索償所需文件，處理他在我公司的團體醫療保險理賠一事？」

我的回應是：「當然可以啦！」

其實，作為一位財策顧問，往往不是以金錢來衡量作出服務的動力標準，如能在別人的生命裏作點貢獻，給予援助，這個才是保險行業獨有的特質。我們做了的事，可能不獲得別人認同或肯定，但結果會讓我們感到安慰和充滿意義，這就是我的人生觀了。

當仁不讓，當愛不遺！

若然我們不將「生意」理解為「單純賺錢」的話，其實它的本初之義，乃是分享。

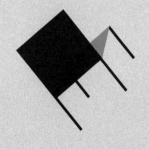

第⑧話：
思維逃不過情緒的管控

無論你習慣用線性思維（Linear Thinking）去思考事情，還是喜歡以逆向思維（Reverse Thinking）來處理所面對的難題，我們不得不承認，情緒在思維當中擔當了一個非常重要的角色。即是說，你當下的情緒怎樣，直接會影響你的思維取向，思路如何，出路也當然如何。

　　說到情緒（Emotion），大部分都來自潛意識的反射，一個人在成長過程當中曾經歷過的體驗，每一個片段，都會有很多情緒數據潛藏在思維參照系裏面（Frame of Reference），而這些數據都會幫助我們對所有事物和事情產生刻板印象（Stereotype），這些印象會在情緒資料庫裏找出曾經有過或適合的情緒組合配對，然後透過身體語言或表情以感覺或情感展現出來。

　　一切甚麼激動、興奮、悲傷、憤怒、開心、快樂、苦惱、壓抑、寂寞、孤獨、哀慟、喜悅、沮喪、迷惘、擔憂等等情緒，都因為潛意識各自盡情發揮到淋漓盡致，欲罷不能。

　　在這最後章節中，我將會揭示出一切思維都逃不過情緒的管控。哪怕它是 IDEO 逆向思維，也不能倖免。不過，能破解情緒管控的高階情商，卻能適用於跟他人打交道，而溝通過程中要處理的首要任務不在思維角力，而是在情緒管控。

　　高階情商（High-level Emotional Quotient），可以令成為你在這個不安且喧囂的時代解煩脫憂的唯一解藥，還可以有助於你身處任何時機或困境之際屢戰不疲，內心寬裕自在。在人生這一場遊戲中，給你不會受傷的能耐。在高階情商下，逆向出高階思維，凡事都能融會貫通，成為「變現」的高手，讓「變現」永遠都在現在進行式狀態當中。

　　以下是高階情商如何煉成的八大法則：

1. 受歡迎不及被需要

　　無論你從事甚麼職業或工作，或處身於怎樣的社交生活，只要是有需要與人接觸，思維的引擎便會自動開啟。縱使你曾遇過一些不帶腦袋跟你溝通的傢

伙,或碰上一些你不喜歡的人,誰都會期望自己受到他們的歡迎,對自己不抗拒。畢竟如一句處世名言所說:「多一個朋友,總好過多一個跟你對着幹的敵人。」但可能你的情緒,會因他們的回應而感到不耐煩,焦躁不安,影響了你的思維取向。

這個時候,高階情商可以啟動你潛藏已久的逆向思維,世上哪會有人喜歡自己被周遭的人討厭,難道受歡迎會帶來甚麼麻煩嗎?所以可以這樣說,沒有人會不喜歡受歡迎,但受歡迎極其量只能證明自己人緣好,關係好,不惹人討厭,但並不代表你對其他人有價值。

要在關係中,創造更有價值的伸延,就必須要從受歡迎提升到被需要的層次。試想想,當你成為對方生命中不可缺少的需要時,你便是對方的人生資產。你可以覺得自己毫無價值,但在於對方來說,你就是被需要的誰,對方人脈關係中最具影響力的人,你說過的是算數的,說到追隨,捨你其誰?

2. 被需要才是真人脈

在商言商的世界，誰都知道人際網絡的重要性，甚麼「我需要幫忙」或「給你一個機會」，這些情況都離不開人際脈絡這遊戲規則。

當你能做到被需要的時候，你跟需要你的人的關係，就是真人脈了。

真人脈在營銷活動中，有一種可稱之為「影響力中心」（Centres of Influence），簡稱 COI，他們在營銷人員的業務上擔當非常重要的角色。因為「轉介」（Referrals）是他們自願性質的推薦，推薦和口碑可以提高被需要者的市場競爭力和信譽。

另一種真人脈可能未必給你提升業績表現，但能曲線地輔助，在你遇上荊棘時，他們可以助你排除萬難，順利過渡，中國人給這種人脈關係的主角取了一個很別緻的名字，叫「貴人」。

對於任何人來說，又有誰會抗拒身邊出現多點貴
人呢？

3. 人脈重情緒價值觀

如要提升真人脈，要注意甚麼呢？

在 IDEO 逆向思維的逆根經建議中，切記要關注
情緒，尤其是「情緒價值觀」。

何謂「情緒價值觀」？逆向看來，誰都知道那
人有沒有鬧情緒！我們與他人溝通或交往時，任何
說話或行為都會令對方產生情緒反應（Emotional
Response），而在情緒的兩個極端，每個人都會因自
己的情緒商數（Emotional Quotient）設立了兩道高
牆。如果在溝通的過程中，這兩道高牆被撼動的話，
那麼關係便會受到考驗。因為兩道高牆的高度就是那
個人的情緒價值觀的頂點與底線。

如果要建立真人脈關係，首先要提醒自己別保持
在一個既定的情緒狀態。因為你未必能在與他人溝通

時在情緒上跟對方一拍即合。當你面對他人時，先要多點關注對方的情緒價值觀，其頂點與底線的極限可以去到哪兒，和對方當下的情緒狀態。如果你在這方面拿捏得準的話，那麼你便能在極短時間內，成為對方情緒的被需要者，屆時談甚麼也必然事半功倍了，真人脈關係也必然手到拿來。

4. 情緒的價值在眼緣

可能現在你會問，究竟情緒的價值可以在哪裏找到答案？

我坦白地告訴你，在眼緣（Eyes-affinity）。

眼緣，一種非科學能解釋的物質，但在感覺而言，它是獨特而且依賴直覺（Intuition）的，而情緒的配對可以說是合眼緣的骨髓，不合的骨髓便不能造出令生命正常運作的血液，那便蹧蹋了情緒的價值。

IDEO 逆向思維看「眼緣」，它就是一個人在當下

情緒的狀態，在尋覓另一個人在其當下情緒的配對，相互吻合而產生出來的感應。

我試舉一例，你可能曾經在街上，眼神突然跟一位陌生路人的眼神搭上，而對方也凝視你朝向他的視線，然後雙方都點了點頭，嘴角微微笑了，這便是一種驚鴻一瞥的「秒剎眼緣」（Serendipity）。

說回情緒，逆向看來，它不是一個人用來宣洩感受的武器，而是人與人之間的溝通探測儀器。你或許曾試過，當自己極度失望或沮喪時，會渴望獲得他人的安慰；又或當感到開心時，很想跟他人分享自己的喜悅。其實情緒在我們的世界，是一對對的。

可能你會說，一個人寂寞時，甚麼人都不想見，那又怎樣可以成為一對呢？我可以肯定地告訴你，我們有些時候在獨處又有情緒時，就會在當下一個人分演兩角，出現了一種情緒狀態，叫做「自我情緒狀態」，甚麼自我安慰、自我肯定、自我治療、自我激勵、自我陶醉、自我甚麼甚麼的千千萬萬種狀態。

當然，眼緣也離不開自我感覺良好的「自我情緒配對」（Self Emotional Rapport）。

5. 眼緣離不開親和力

雖然眼緣抽象得難以捉摸，但也得帶點現實的條件，就是沒有人會對使自己受傷害或難受的人或事說合眼緣的。所以「親和力」（Affinity）在眼緣這現象上非要關鍵，它可以說是成全眼緣的決定性元素，缺少了它，縱使有緣也難以長久維繫。

既然「親和力」這麼重要，那麼情緒又跟它有甚麼關係呢？

情緒不好或不穩定的人，都很難發揮自然而然且不經意的「親和力」，因為「親和力」是用來尋找合心水的眼緣，相信沒有人喜歡運用「親和力」去找麻煩回來給自己享受一番吧！再者我們一直說的「眼緣」，都是為了建立可持續發展的關係，「變現」的價值，和快樂的回憶。

因此，想要合他人眼緣，首先必須要修練好自己的親和力，能達到不經意而為之的境界，就真的無往而不利了。

6. 親和力就是高情商

有了親和力保駕護航，那麼你的高階情商便能遊刃有餘地發揮高階的逆向思維，來解決生活上很多實際的問題，使你的每一個目標，逐一「變現」。

但我們又要慎防「親和力」被濫用，而讓自己變成了一個很迂腐、不知變通的傢伙。雖然你有機會成為一個「非常受歡迎的人」，但這角色並不能將你變成一個「被需要」的紅人，極其量得到很多的讚賞說你是「好人」，這種人會被標籤為「好人病」患者，它有一個學名叫作「取悅症」，是一個很難根治的病。

切忌過於親和，讓自己徒受歡迎，但沒有變現能力！

7. 高情商能虛化背景

其實情緒是沒有對錯之分的，它只不過是情感的一種宣洩物質而已，不需要甚麼人生導師來指導才會產生情緒，我們只需要情緒配對的認同和陪伴。所以當他人需要安慰的時候，他其實需要的是情緒上的宣洩，和尋找配對。若然你想在這個時候跟他接觸，你要做的事情就只是陪伴在他身旁，協助他將心中的負面情緒宣洩出來，不要在心裏鬱結，要哭就痛痛快快哭出來吧！

高情商的你，應該將重心放在他的情緒變化上，而並非在其他細枝末節。在這境況，他要找的情緒配對並非要你陪他大哭一場，而是期望你扮演一個守護天使一樣的角色，陪伴他度過這個時刻，保證不會有任何意外發生，有關他的情緒宣洩就讓他自己去完成整個過程。

高情商的你，就是無論對方的情緒背景有多糟糕，你也必須要控制自己的表達意欲。因為他可能正在一個特別無助的境況，甚至乎他可能會發出類似這

樣的求助召喚：「我真的不知道該怎麼辦……」或「你可以告訴我該怎麼辦嗎？」

這個時候，你得記住要為情緒尋找配對的規條，就是他需要的情感宣洩，千萬不要開口跟他説：「不要哭了！哭有用嗎？」如果你按捺不住的話，頂多可以這樣跟他説：「你心裏一定很難過，那就哭出來吧！別憋着！」

要切記，配對不當的情緒，會令事情不順利，尤其在人際關係上，也要緊記成為一位高階情商的被需要者。你要做的就是引導被安慰者將情感宣洩出來，而並非阻礙他宣洩情感，同時要管控住自己的表達意欲。

8. 同理心思維造就你

最後，你可以這樣理解，高階情商的至高境界就是「同理心」，而逆向思維就是「同理心思維」。

　　當一個人不知所措的時候，透過易地而處，與對方在情感上達至彼此認同和同步，這樣對方會覺得你是一個真正懂他的感受、懂得安慰他的人。

　　要培養出同理心思維，需要在兩點上下些功夫：首先在與他人接觸時，多觀察，用心捕捉對方的情緒變化，然後在你自己的過往經歷中尋找相關的體驗，再通過你的表達（行為及語言）將配對的情緒顯露出來。如果你從來沒有相同的經歷也不要緊，可以盡量表示認同就好。

　　有一點非常重要，千萬不可言不由衷，情緒和言語都要保持一致性，配合才是最重要的。

　　藉着同理心思維，要造就的不只是被需要者情緒的管控，還有他一個人的質素。用沉默的力量代替導致情緒過激的語言，用細心的聆聽把握輕重說話的分寸，用開口式的引言釋放極度不穩的情緒，用善後展現自己的誠意，用過往達成體諒與寬恕。

在溝通的世界，我們最難解決和不願意多說一句的，莫過於是「誤會」與「道歉」。而透過同理心思維，就正正可以將此處理得體貼入微。試問我們又有誰，沒試過說這兩句話呢？

道歉可以說是一種很難解決的人際關係課題，不是誰的一句「對不起」，就能換來一句「不要緊」，又或者是「沒關係」的包容與體諒。

一位高階情商者，在處理道歉時，不會單單說「對不起」三個字就自認為能順利過關。在情緒上，也得跟被道歉者的情緒做配對，要讓他感受到道歉者有能直接面對自己過失的勇氣，由衷的真誠，和道歉的靈魂「勇於擔當」。

這個道歉鐵三角要素，屬於一個人精神內核範圍之內，能否獲得諒解，還要看你能否找對時機。

其實誰都知道，所有道歉都有目的，要求原諒並非重點，最重要的是要挽回人或事的持續發展關係。

　　說到「誤會」，IDEO 逆向思維給你的答案，更簡潔到位。世上的誤會百分百都是因為溝通上的謬誤、出現落差做成的，然後在情緒配對上不協調，最後導致彼此之間在思維上的取向各走各路，殊途卻不同歸。

　　如果可以的話，不妨試試邀請對方進行一次劇情復盤。復盤的主要目的，是要用具體化的自我批評，來展現你自己的誠意，化解對方的怒氣，一旦對方心裏舒坦了，誤會便會無疾而終。

　　所以在情緒管控下運用同理心思維，必能造就你跟每一個對方，在思維的公路上奔馳，暢通無阻，直達成果。

活在喧鬧混沌的時代，
要有「化腐朽為神奇」的能耐，
逆向思維能給你「變現」的智慧。

黃思恩 —————— 著

責任編輯　婷 @ Sands Design Workshop
統　　籌　曉悠
裝幀設計　Sands Design Workshop
排　　版　Sands Design Workshop
校　　對　婷 @ Sands Design Workshop

出　　版　思想顧問
　　　　　網址：www.ideology.hk

發　　行　聯合新零售（香港）有限公司
　　　　　香港鰂魚涌英皇道 1065 號東達中心 1304-06 室
　　　　　電話：（852）2963 5300　傳真：（852）2565 0919

印　　刷　美雅印刷製本有限公司
　　　　　香港觀塘榮業街 6 號海濱工業大廈 4 樓 A 室

版　　次　2021 年 7 月初版
　　　　　©2021 思想顧問

規　　格　32 開（210mm×148mm）

I S B N　978-988-13140-0-0

如欲訂購本書或有任何意見，歡迎電郵至：consultants@ideology.hk
版權所有・翻印必究